学級システム大全

中学校

岡田　敏哉［著］

生徒がセルフサービスで
進めるクラスづくり

はじめに

学級づくりとは、何をすることでしょうか。生徒が教師の言うことをきちんと聞くこと。いじめが生じにくい状態を維持すること。自分たちのことを自分たちでできるようにすること。行事で力を合わせて頑張れる集団にすること。発達や感覚に特性がある子がのびのびと過ごせる場所にすること。保護者の要望になるべく沿うこと。隣の学級と歩調を合わせること…。まだまだありそうです。

学級づくりの目的とはなんでしょうか。答えは学習指導要領に書いてあります。しかし学習指導要領は目的地を書いてはくれますが、どうやったらそこに到達できるのかという地図は書かれていません。本書がその地図や海図のような類のものになればと思い、本書を執筆しました。

本書を書いた２０２４年。学校を取り巻く状況は10年前とは様変わりをしています。１人１台の端末整備が終わりましたが、使用耐年数の問題は解決したとはいえません。不登校や学校不適応の生徒が推定30万人と報道されています。教員採用試験志願者が激減しています。今の学校は多くのことが「例年通り」とはなかなかいかない状況になっています。それでも学校において1つだけ変わらないことがあります。それは人生の初期段階の義務教育において、人との関わり方を体験的に学ぶということです。

人に頼り、人に肩をかしてもらえる温かさを知る。

人に頼られ、他者に認められる喜びを知る。

人とぶつかり、それでも対話で折り合う難しさと大切さを知る。

人とぶつかり、どうしても自分と相容れない他者との付き合い方を知る。

そのために担任がするべきことは「明日もここに来たいな」と生徒が思える空間を用意することです。「明日もここに来たいな」と思わせるには、安心感があり、居場所があり、認めてもらえて、さらに自分がそこに参画できるという感覚が必要です。生徒たちを適切に学級づくりに参画させるための工夫を「セルフサービス」というキーワードを軸にして考えてまいります。学級づくりへの生徒の参画の仕方とその目的を、一緒に考えていただけたら幸いです。どうぞお付き合いください。

2025年1月　　　　岡田敏哉

☑人間関係

□学級の生徒たちは、特定の人とだけなら関われる。
□係活動が機能しないときは、いつも教師が介入して役割分担を確認している。
□学校に来られていない生徒の机には、物を置いたりしてもよいことになっている。

☑学級づくりへの参画

□話合いのとき、教師から話合いの課題を与えている。
□話合いの結論は一旦教師が預かり、最終的な結論や解決は教師が提示する。

☑リーダー育成

□リーダー役の生徒は、どの行事でも固定化している。
□リーダー役を、生徒はやりたがるものだと認識している。

担任干渉度チェック
学級生活編

☑ 時間意識

□朝学活で、教師が指示を出してから１日が始まる。
□授業開始の数分前に、教師が廊下で声をかけると生徒は教室に入る。

☑ 当番活動

□給食の時間に、先生が声をかけて公平なおかわりをしている。
□誰がどの時間に何の役割をすればよいかを、教師が把握し指示を出す。

☑ 生徒指導

□生徒指導事案があったとき、担任１人で対応している。
□生徒指導事案があったとき、事案に関係した生徒にだけ指導をしている。

☑ 教科担任との連携

□学級づくりは100%担任が行うものだと認識している。
□生徒が他の先生を頼りにするのは、どうも気に障る。
□自分の教科ではなく、他の教科で自学級が落ち着かないのは授業者の責任だと思う。

☑ 特別の教科道徳

□特別の教科道徳の時間は、しっかりと内容項目について教え込む時間である。
□特別の教科道徳の時間は、指導書の通りに行えばだいたいうまくいくと思う。
□特別の教科道徳の時間は、進学には関係ないのでそれほど時間的コストをかける必要はない。

学級づくりは学級担任の専売特許。学校内で他の教師が干渉しにくい部分でもあり、ややもすれば独占的になったり、盲目的になったりしてしまうこともあります。

本書を通して、学級づくりにおけるご自身の「指導時期」と「指導量」、そして「生徒のため」という言葉の深意について一緒にお考えいただけたら幸いです。

担任干渉度チェック
学習編

☑学習環境・学習規律

□授業チャイムが鳴っても、学習内容が終わらなければ少し授業を延長する。

□授業は、生徒が黙って教師の話を聞くことが中心である。

□授業前に黒板に前時の板書が残っていたら、自分で黒板を消す。

☑授業・評価

□「知識・技能」、「思考力・判断力・表現力」、「主体的に学習に取り組む態度」について、教師だけが単元のゴールを把握している。

□１人残らず全員が同じことを、同じように学ぶことが常である。

□単元の学習で、何をどのくらいがんばると評価がどうなるのか生徒に開示しない。

目次
CONTENTS

4 「清掃当番・清掃時間」のシステム

5 「係活動」のシステム

6 「終学活」のシステム

7 「クラス会議」のシステム

5 「特別の教科　道徳」のシステム

第0章
生徒がセルフサービスでクラスをつくれるようにするために

教室に「セルフサービス」という考え方を

セルフ‐サービス【self-service】

小売店や飲食店で、客が商品を自由に選んで運び、レジで一括して代金を支払う方式。また、ガソリンスタンドで客が自ら給油・会計をする方式。

出典：デジタル大辞泉（小学館）

一般的には本来サービス提供側がするべきことの一部をお客さんに担ってもらうことで、コストを下げるために行われる行為のことを指します。企業で言えばそれが利益と顧客満足度につながる性質のものです。では、学校で生徒に「セルフサービス」を求める目的はどこにあるのでしょうか。

セルフサービスの反対はフルサービスです。学校でフルサービスを受け続ける生徒とは、おそらくこのような姿ではないでしょうか。

・先生に言われるまで何もしない。何か言われないと動かない、動けない。
・先生に言われたことだけする。それ以上のことはしない。

そして、このような生徒の心理はおそらく次の通りです。

・いろいろあるけど先生がどうにかしてくれる。
・うまくいかないことがあったら、それは先生のせいだ。
・自分が今困っているのは先生のサービス提供の仕方が悪いんだ。
・してくれて当たり前だろう。先生なんだから。

きっとこのような教師依存の考え方は、対生徒にも及ぶのではないでしょうか。そうするとこのような思考になります。

・自分がうまくいかないのは周りのやつらが悪いからだ。
・自分も悪いかもしれないけど、あいつがそもそもいけないんだ。
・うまくいかないこの現状をどうにかしてくれ。周りが動いてくれ。

・トラブルが起こるのはあいつのせいだ。私は何一つ悪くない。

昨今話題になることが増えたカスタマーハラスメントを連想してしまいます。学校とはどのような生徒を育てる場所なのでしょうか。

学習指導要領にはこれからの学校に求められることが次のように書かれています。

一人一人の生徒が、自分のよさや可能性を認識するとともに、あらゆる他者を価値のある存在として尊重し、多様な人々と協働しながら様々な社会的変化を乗り越え、豊かな人生を切り拓ひらき、持続可能な社会の創り手となることができるようにすることが求められる。

「持続可能な社会の担い手」。前ページの思考の人に日本の行く末が担えるとは到底思えません。少なくとも自分のことは自分でできる。自分で考え自分で判断し、行動しようとする。他者と自らつながろうとする。誰とでも力を合わせられる。うまくいかないことがあったら、それを人のせいにするのではなく、現状を改善しようと自分から努力できる。自分1人ではどうしようもないことがあったら、自分からヘルプを出せる。

そのような態度を、日本人すべてが通う教育機関である「学校」で育てないことには、我が国の未来はほの暗い。私はそう思っています。

学級における教師の立ち位置を考えてみます。教える人であり、育てる人であり、癒す人であり、見守る人であり、咎める人であり、ともに遊ぶ人であり、ともに涙を流す人。担任教師にはたくさんのことが求められます。

担任のリーダーシップは時期とともに変化しなくてはなりません。教える時期も必要です。やらせてみる時期も必要です。見守る時期も必要です。ときには生徒の中に分け入って、現状を見つめ直させる時期も必要です。

どの時期にも必要なのは、生徒の主体性を育てるために何を仕掛けるかという考え方です。係活動、日直、清掃、給食当番など、学級にはたくさんの仕組みが必要です。それらは機能させることももちろん大切ですが、一番大切なことは生徒自らが主体的に動くようになることです。セルフサービスで自分たちのことができ、それが生徒自身の自信になっていく。その過程を生み出すのが学級経営の勘所です。

「持続可能な社会の担い手」を育てる手始めとして、学校、学級にセルフサービスという考え方を取り入れてまいりましょう。

セルフサービスを生み出す「システム」

学級の生徒がセルフサービスで動き出すには何が必要なのでしょうか。ファストフード店で考えてみます。ハンバーガーを食べに行きます。店員さんがいるカウンターに向かい注文をします。注文した食事を受け取り席に座ります。食事を終えたらトレーを持ってゴミ箱コーナーに向かい、片づけをして店を出ます。これが一般的な流れです。

お客さんがセルフサービスで動くにはお店側の「システム」が必要になります。

・入り口からカウンターへ足が進むような絵柄やマークが床にかいてある。
・ホールに従業員を配置せず、お客さんが自分で動くように促している。
・ゴミ箱がいくつも用意されており、分別して廃棄するように示してある。
・水の提供はなく、イスも硬めになっていて食事終了と退店がほぼ同時になる。

お客さんはお店側から強制されることなく、これらの食事提供サービスに自ら「参画」していきます。人がセルフサービスで動き出すには、思わずそうしてしまう「システム」が構築されている必要があるといえます。

セルフサービスが起動する学級のシステムには3つの軸が考えられます。

①役割分担（自分は何をすればいいのか）
②時間設定（いつ何をするのか、いつまでにするのか）
③人間関係（一緒に仕事をする人はだれか、頼みごとをできる関係があるか）

①②はなるべく学年全体で統一した方がよいです。特に1年では1年後の学級編成を考え、年度初めのスムーズなスタートのために学年同一歩調をとります。私が所属した学年では4月初めに「学級びらきノート」を作成し、それを全生徒に配付しました。

「学級びらきノート」には次の項目が並びます。

1　教科担任、出席番号、座席
2　日直の仕事
3　給食時間のきまり
4　給食当番の仕事
5　清掃箇所と清掃の仕方
6　学級組織（生活班）
7　学級組織（係活動）

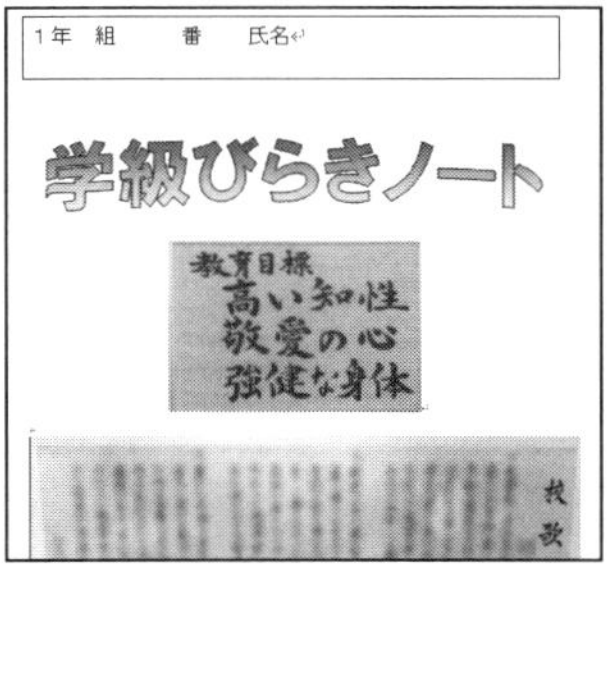

この1冊があれば生徒は自分の役割と、いつまでに何をすればいいのかが一目でわかります。そして生徒が「先生、〇〇って何をすればいいんですか？」と尋ねてきた場合には、「学級びらきノートに書いてあるよ。見てごらん」と返答すれば済みます。

ここで「その係はね、〇に行って□を取ってくるんだよ」と教えることもできますが、それでは生徒は自分で気づく過程を通れません。セルフサービスにはならないのです。自分で調べて、自分で考えて、自分から行動する。そのためのシステムが必要です。

そして「③人間関係」もセルフサービスを起動させるためのシステムとして重要な役割をもちます。先に述べたように、生徒が「先生、〇〇って何をすればいいんですか？」と尋ねてきた場合、こんな回答をすることもできます。

「同じ班の太郎さんに聞いてみるのはどう？　この前上手にやっていたから」

この生徒はきっと「ねぇ太郎君。これどうやるの？」と聞きに行くでしょう。しかし、この方法が機能するためには太郎君とこの生徒の間に「ねぇ太郎君」と話しかけられる関係性がなくてはなりません。

生徒同士に良好な人間関係ができていれば、教室できっとこんなやりとりが見られるはずです。

「ねぇ、この時間の黒板消すのって誰だっけ？」「Aさんでしょ」「Aさん、どこ行った？」「トイレかな〜？」「次の時間の先生が来ちゃうね」「黒板消しておいてあげようか」「そうだね」

トイレから戻ったAさんは自分のミスを後悔しながらも、きっと仲間の優しさに感謝するでしょう。そして、次に誰かの仕事に穴が開いたときには率先して自分からカバーしようとするはずです。

仕事を役割分担で割り振ったり、仕事を完了する期限を区切ったりしても、それでシステムが完全に動くことは稀です。担当者がいない日があったり、担当者が別の急用で役割遂行が難しくなったりすることもあります。仕事と仕事の間には必ず隙間が存在します。その隙間を埋める行動を促すのが人間関係です。

自分の役割が認識されていて、仕事の期限がわかり、困ったときに何を見たらよいかがわかり、さらに誰に頼ればいいかがわかっている。その状態がそろったときに初めて学級の生徒がセルフサービスで動き出すのです。

システムの裏で起動させるもの

ここまで学級において、生徒がセルフサービスで動き出すために必要なシステムについて述べてきました。では、生徒が主体的に動き出すことは学級づくりの目標なのでしょうか。学習指導要領には、学級活動の目標はこのように謳われています。

学級や学校での生活をよりよくするための課題を見いだし、解決するために話し合い、合意形成し、役割を分担して協力して実践したり、学級での話合いを生かして自己の課題の解決及び将来の生き方を描くために意思決定して、実践したりすることに自主的、実践的に取り組むことを通して、第1の目標に掲げる資質・能力を育成することを目指す。

係や当番活動を円滑に行うことは、学級活動における目的ではなく過程だということです。生徒がセルフサービスで教室を運営できるようになった先に目指すのは、学級という組織の機能向上だといえます。自分たちで課題を見いだし、話し合って合意形成をし、自らの生活をよりよくしていく問題解決型の機能の高まりを目指して、学級経営をしていくことが求められています。

では、どうしたら学級の中で問題解決型の機能が高まるのでしょうか。学級経営を研究する赤坂真二氏は学級における人間関係の重要性について、「どんなに高い能力や知識をもっていても、所属するコミュニティでよい関係をつくることができなければ、問題解決に貢献することは難しく、したがって参画はなされない」と述べています。

生徒たちがセルフサービスで学級を運営していくためには、①役割分担②時間設定③人間関係の3つが必要だと先述しました。そしてセルフサービスによる運営機能の高まりには、「ねぇ、○○さん」と声を掛け合える関係性が重要であるとお伝えしました。つまり、学級のシステムがうまく回り始めると、学級としての機能が高まり、人間関係も仕事を通して深まっていくという好循環が期待できるということです。

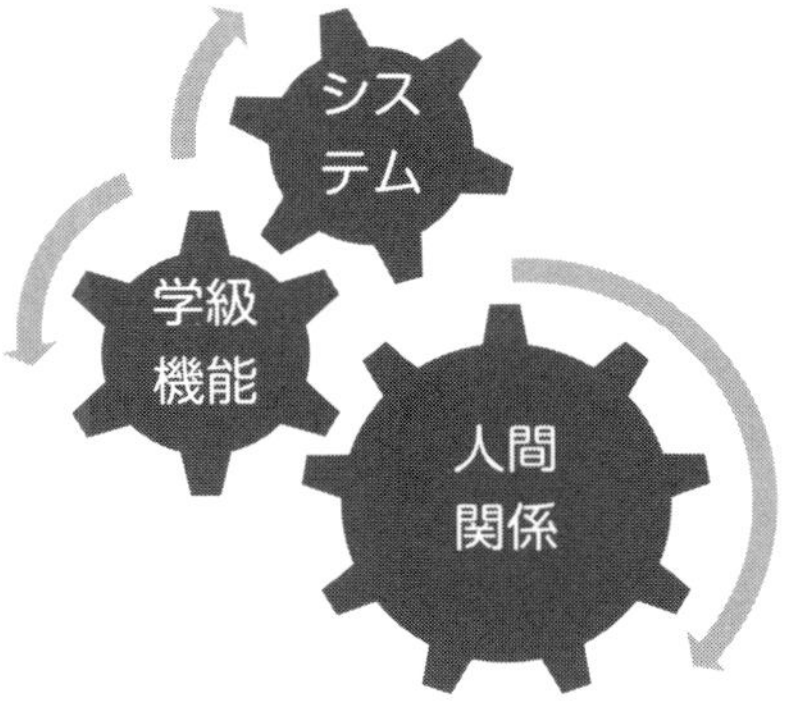

学級活動の目標は資質・能力の育成です。学習指導要

領には資質・能力が次のように例示されています。

○学級における集団活動や自律的な生活を送ることの意義を理解し、そのために必要となることを理解し身に付けるようにする。
○学級や自己の生活、人間関係をよりよくするための課題を見いだし、解決するために話し合い、合意形成を図ったり、意思決定したりすることができるようにする。
○学級における集団活動を通して身に付けたことを生かして、人間関係をよりよく形成し、他者と協働して集団や自己の課題を解決するとともに、将来の生き方を描き、その実現に向けて、日常生活の向上を図ろうとする態度を養う。

学級活動で育む資質・能力の中核に【人間関係づくり】と、それを土台として【協働】や【課題解決】が位置づけられていることがわかります。

学級にシステムを導入し、生徒がセルフサービスで学級を運営していく。その先にあるものをイメージしていただけたでしょうか。

生徒同士の人間関係を意図的につくるためには対話の機会が重要です。対話を続けて人間関係を育てていくにはいくつかの段階があります。

・第1段階　雑談ができる関係（隣の席の人とのおしゃべり）
・第2段階　集団の課題についての話合いと合意形成（学級会、クラス会議　等）
・第3段階　価値観や倫理観、生き方などに関する議論（特別の教科　道徳　等）

もっと先の対話レベルもあることでしょう。中学校はたったの3年間です。私も2人の子をもつ親ですが、親目線で見ると中学校3年間は本当にあっという間に過ぎていきます。限られた時間で私たち中学校教師がすべきこと。それに全力をかけたいと思っています。

教師が見えているのは、今の学級に所属している生徒たちですが、教師が見ようとしなければならないものは、今の生徒が新しい仲間と出会う数年後の高校生活であり、その先の社会参画場面での姿です。

学級「づくり」とは何を「つくる」ことか

学級づくりにはいろいろな要素があります。個々のよさを認めること、生徒との良好な関係をつくること、自治的な力を伸ばすこと、よくない言動を改めさせること、生徒同士の関係を紡ぐこと、保護者への対応など、数え上げたらきりがありません。それらに合う適切な言葉がないので、諸々をひっくるめて学級づくりや学級経営と呼んでいるのです。

では、学級づくりの根幹は何か。私はそれを

集団の文化の創造と共有

だと考えています。A先生の担任をするクラスは毎年A先生らしいクラスになることが多いです。B先生の場合も然りです。担任が大切にする価値観はじわじわと生徒に浸透し、生徒がそれを「うちのクラスらしさ」と認識するからです。その認識がクラスの文化となり、生徒間で共有されると、周囲からは「A先生らしいクラス」と言われるようになっていきます。

担任の数だけ担任の思いがあり、思いの数だけ学級集団の姿があります。その思いの中に「生徒がセルフサービスで進めるクラスづくり」という考え方があった方がいい。その考え方が学級文化の1つになりうる。私はそう提案したいのです。

ずっと教師の言いなりでは生徒は大人にはなれません。でも放っておけば生徒は教師の命令を待つ存在になります。その方が楽だからです。

言われたことだけをしていれば、怒られるような危機には陥りません。

言われたことだけをしていれば、失敗することは少ないです。

失敗して傷つくくらいなら、最初から挑戦しません。

人間関係も傷つくリスクがあるなら、自分からあえてつながろうとはしません。

昨今、こういう生徒が増えているように感じます。担任が「してあげる」段階は絶対に必要です。枠組みづくりは学級づくりのスタート段階には必須です。しかし、「ずっとしてあげる」ことが、生徒の自主性や挑戦意欲を削ぐ側面も持ち合わせていることに、私たちは自覚的であるべきです。

私は20代の頃、生徒をグイグイと引っ張るタイプの教師でした。生徒もよくなついてくれましたし、他の学級との勝負事には絶対に負けないように生徒を鍛えました。不登校生徒もほとんどいませんでした。自分のことを「優れた学級をつくる教師」だと思っていました。とんでもない勘違いです。生徒がなついてくれたのは若くて年齢が近かったからです。他学級との勝負事にこだわりをもっていたのは私だけで、生徒はそんなことにこだわりがなかったかもしれません。学校を休む生徒が少なかったのは、養護教諭や副担任の先生方の母性的なサポートがあればこそ。そういうことに気づけるようになったのは20代の終わり頃でした。

当時の私は「してあげる」を1年間ずっと続けていました。別の言い方をすれば「押し付け続ける」教師でした。学校は小さな社会です。学級もその中の小さな社会です。その小さな社会でどんな人に育てるのかは、10年後20年後のその街の姿とつながります。

「先生のクラスを通ると、子どもはどう変わりますか。それはなぜですか」

この問いに対する私なりの答えを、ここから一緒に考えていただけたら幸いです。

【引用文献】
・文部科学省（２０１８）「中学校学習指導要領」p.17
・文部科学省（２０１８）「中学校学習指導要領解説　特別活動編」p.40, 41
・赤坂真二（２０１８）『資質・能力を育てる問題解決型学級経営』（明治図書）p.114

第1章
生徒が能動的に動く学級のシステム

❹「担任の第一印象」を持ち帰らせる

入学式の保護者が気にすることは「担任の先生はどんな人か」ということです。生徒にも親にも、担任に対する好印象を持ち帰ってもらうために何をなさいますか。

❺１週間でルールを定着させる

１週間をかけて集団にルールを入れていきます。これは学級ごとというより、学年全体で共有すべきものです。学年全体で大切にするべきルールとは、どんなものがあるでしょうか。それらを生活のシステムとして機能させる目的とはなんでしょうか。テーマは安心感です。

❻人間関係を意図的に紡ぐ

始めの１週間は怒涛の如く過ぎていきます。特設の学級活動の時間も多く設定され、学級の係活動等のシステムを構築する時期です。しかし、決め事に終始していたのでは、いくらシステムを敷いてもそれがうまく機能するとは限りません。システムは人が動かしてなんぼのもの。生徒同士が勝手に仲良くなる時代はもう終わりました。「傷つくくらいなら関わらない」と考える生徒もいます。人間関係は教師が意図的に紡ぐ必要があるのです。

1
「学級開き～1週間」のシステム

システムづくりのポイント

❶よい出会いの準備をする

４月の業務量は年間で最多かもしれません。学級開きに向けて周到な準備が必要です。すべてを担任がするのではなく、副担任の先生の力も借りて準備を進めます。生徒を迎える用意は学年職員総出で行います。すべては生徒とのよい出会いをするためにです。

❷１人残らず居場所を与える

生徒が明日も来てくれる教室には何が必要でしょうか。それが「居場所」です。それを１人残らず感じさせるためには、担任として何ができるでしょうか。ルールと関係性のシステムから考えます。

❸生徒のここを見る

学級開き初日は、やらなければならないことがたくさんあります。しかし、それらをこなすだけで終わるのはもったいないです。先生方は生徒のどんな行動を見ますか。教師のまなざしについて考えます。

よい出会いの準備をする

4月の出会い。ベテラン教師でもこの瞬間は緊張するものです。「どんな生徒と出会えるだろう」「どんな学級になるかな」ワクワク、ドキドキした気持ちは経験年数に関係なく、多くの教師が感じるものです。

学校生活のスタートは教師主導で始めます。まだ生徒がセルフサービスで動ける部分は多くはありません。特に新入学する1年担任の場合は、周到な準備が必要です。

多くの中学校は1組、2組などのように、学年に複数の学級があるでしょう。その場合には、学年で同じシステムにすることも大切です。学年の学級活動担当から出される、当面の学級活動の提案に沿って、準備を進めます。

- ・学級発表用の拡大名簿（始業式で担任発表がある場合は担任名を除く）
- ・教室の座席表（出席番号順）
- ・ロッカー、机、イス、下駄箱の名簿番号シール

・下駄箱の上段、下段の使い分けの掲示（例示した写真が望ましい）
・教科書の冊数確認（机にあらかじめ置く場合は積む順番も統一する）
・ワーク等の副教材の冊数確認
・机の天板に傷がないか確認、落書き等の除去
・椅子の天板のささくれの確認・修繕
・入学式前の廊下の並び方の説明図（各列の先頭と最後尾が誰かを明示）
・入学式での並び方の説明図（各列の端が誰か明示）
・提出書類の一覧と提出締め切り日がわかるプリント
・当面1週間の日程と下校時刻の一覧表（学年便りでの周知が望ましい）

自治体や学校によって多少の違いはあると思いますが、生徒が初日から教室に自分の居場所を感じられるようにする配慮と準備が必要です。保護者にとっても子どもが長男、長女である場合は、学校からの丁寧な情報がとても助かるものです。

生徒を迎える環境づくりの他にも、用意すべきものがあります。それは担任による雰囲気づくりです。学級が始まる初日の生徒は、教師以上にワクワク、ドキドキします。新し

い担任、新しい教室、新しい仲間、そして新しい人間関係。中には強い不安を感じて教室に入ってくる生徒も一定数います。

教室にあたたかな雰囲気をつくる。そのために教師は何をするべきでしょうか。詳細は本節の後半で述べていきます。

さて、1年の学級開きについて述べてきましたが、2年、3年の学級開きは担任教師が昨年も同じ学年にいた人なのか、異動してきた人なのかで違いがあります。また、学年を持ち上がった人であっても、その先生が学年内でどんな役割を担ってきたかによって学級開きの仕方に違いが出るものです。

異動先の新しい学校で担任をする場合は、先生も生徒もお互いを知らないので、1年と同じように丁寧に学級開きをすればよいでしょう。新しく赴任した学校でやってはいけないことは「前の学校では○○だった」とか、「前の学校の生徒は○○だった」などと目の前の生徒と比較することです。目の前の生徒のよさ、すばらしさを見つけてそれを言葉にしていく。そういう謙虚な姿勢でスタートすると、4月の滑り出しがうまくいくことが多いです。

学年を持ち上がって再び担任をする場合は、昨年まで担任した生徒とそうでない生徒への対応に差をつけないことが大切です。そうしないと「元○組の人と私たちを差別している」と思われてしまうことがあります。学級が変わったら生徒個々との関係は一度リセットする。それくらいの気持ちで臨みたいものです。

学年の生徒指導担当が長かった私のケースを申し上げれば、学年を持ち上がって２年、３年の担任になったときの多くの学級開きは次のように行いました。

・あいさつの後すぐに「岡田先生があなたたちに今言いたいことは何でしょう」と問う。
・４人程度のグループをつくらせてホワイトボードとペンを配り、答えをつくらせる。
・生徒たちは昨年度までの学年集会等の指導内容を必死に思い出して対話を始める。
・グループごとに発表。その後答え合わせ。
・答え「みんなで楽しく修学旅行に行きたいね♡」または「卒業式で泣かないもん！」

「人を傷つけてはいけません」などの生徒指導事項を書いていた生徒はズッコケます。初日に一笑いして学級を開きます。学年で揃える部分をきっちりとおさえ、学級で工夫できる部分を充実させる。この手順を大切にした学級開きを行います。

1人残らず居場所を与える

初日の居場所づくり。中学生が教室に自分の居場所を感じる要素は何でしょうか。様々な要素があると思いますが、その根っこの部分は「自分はここにいていいし、自分はここにいても傷つけられない」という安心感です。

すべての生徒に安心感を醸成するために、次のような取組をシステム化していきます。

ルール

・人の椅子に座らない。（勝手に座ることは相手の居場所を奪う行為）

・自クラス以外の教室に入らない。（トラブル防止と自教室にいることの推奨）

関係づくり

・隣の人とおしゃべりをする。（お題の例：目玉焼きには何をかける？）

・前後の人とおしゃべりをする。（お題の例：人生で一番痛かった経験）

初日の出会いなので、おしゃべりのお題は当たり障りのないものが望ましいでしょう。理想は「ねぇ、消しゴム貸して」と言い合える関係が初日に生まれることです。

教師と生徒の関係づくりは急がず行います。全員と話をして関係を紡ぐことができれば一番よいのですが、出会いの初日のそれは難しいでしょう。そこは徐々に時間をかけて紡いでいきます。

そしてもう１つ、大事な居場所づくりがあります。それは「今ここにいない人を大切にする」ことです。不登校児童生徒30万人時代ともいわれます。どの教室にも空いている机が複数あるのが普通の光景になっています。生徒に「今ここにいない人」を大切にしてほしいとお願いをします。配付物はそろえて机に入れてほしい。決してその人の机を物置にしない。班活動のときには机を動かして仲間に入れてほしい。そういう一人ひとりを大切にしようと行動することが、教室にいる人も大切にしようとする空気になっていきます。教室に安心感の雰囲気が漂い始めます。

がんばった初日を終えて自宅に戻ったときに、「あの教室なら私がんばれそうだ。明日もあの場所に行こう」と思えるような学級開きの１日を演出したいものです。

生徒のここを見る

初日の教室にはたくさんの姿が見られます。生徒を観察するときに、こんなところに注目してはどうでしょうか。

望ましい行動

- ・指示に対して最初に動いているのは誰か。
- ・指示を理解できなくて困っている人に声をかけるのは誰か。
- ・配付物などがあるときにボランティアをしてくれるのは誰か。

このような行動をする生徒は、今後リーダー役を担う可能性があります。初日にリーダーになりそうな生徒をピックアップします。当然、誰かを助ける行為をした人を賞賛するのは言うまでもありません。

逆に望ましくない行動をとる生徒にも注意を払う必要があります。望ましくない行動と言っても、教師の指示に従わないということだけはなく、今後の学級内の人間関係づくりにおいてブレーキになりそうな行動に対してアンテナを張っておきます。

望ましくない行動

- **隣の人と話すように指示したときに、後ろを向くのは誰か。**
- **隣が欠席した生徒で、その机上の配付されたプリントを放置しているのは誰か。**
- **人が話しているときに私語をしたり、手いたずらをしたりしているのは誰か。**
- **机をつけてグループをつくるときに、机をわざと離すのは誰か。**

その場で一喝して正させるのもありですが、初日にはすべきでないと私は思っています。学級づくりは1年間のロングランです。先のような行動をする生徒にも言い分はあるでしょう。それを聞きながらこちらの期待を伝え、周囲の生徒の力も借りながらじっくりと行動変容を促す方が得策です。ただし、誰かを傷つける言動や、誰かの困っている姿を見て笑ったりする言動については、人権侵害行為としてその場で即時、指導をします。教室に安心と安全をつくるのは、学級担任の責任です。

「担任の第一印象」を持ち帰らせる

いくつもの学級で学級開きをしてきたベテラン教師でも、学級開きはいつもドキドキするものです。私は今でも学級開き前夜には、鏡の前で話す練習をします。自己チェックのポイントは、

・口角が上がっているか。　　　・シャツにシワはないか。
・ネクタイは曲がっていないか。　・目線を1人残らず合わせて話せているか。

「そんなのどうでもいいのでは？　見た目よりも話の内容の方が大事なのでは？」と思われる方もいらっしゃるかもしれません。

ちょっと脅すような言い方になるかもしれませんが、ご容赦ください。想像してみてください。

入学式後の学級活動には、教室に保護者も入ることが多いです。その保護者が教室の後ろから学級開きをする先生を見ています。

「うちの子の担任の先生、シャツがシワシワ。大丈夫かしら」

「なんだかムスッとしている先生ね」

「プリントばかり見て話す先生だったけど大丈夫かな」

それらのつぶやきが入学式後には、保護者間で共有されることもあります。中学校保護者の多くは小学校や幼稚園、保育園から「〇〇ちゃんのママ」のように、保護者同士の横のつながりがあります。ＳＮＳのグループを形成していることもあります。そこで「うちの子の担任、ハズレだわ」とつぶやかれては、今後1年間の保護者との信頼関係づくりが難しくなりかねません。

初日に保護者と生徒に持ち帰らせたいのは、「うちの担任の先生って、なんだか楽しそうでしっかりしていそう」という印象です。担任がどんな人なのかは1年かけてわかっていただければよいので、初日は好印象をもたせることに集中します。清潔な身なりと頭髪を心がけ、基本的に笑顔で話し、ユニークな自己紹介を用意します。提出物や時間割などの情報は紙面にして配付します。そうすれば、漏れ落ちなく情報提供ができます。

初日はどんな生徒もだいたいみんな頑張ろうとします。小学校からの申し送りで学校不適応や、問題行動が多いなどの情報を得ている生徒がいた場合、初日のがんばりを保護者の方に電話でお伝えするのも、今後の良好な関係づくりにとって効果的です。

1週間でルールを定着させる

4月の第1週は学級活動の時間を多く設定されることが多いです。その時間のねらいは「学級にシステムを導入すること」です。生徒がセルフサービスで進める集団づくりの土台を形成します。

級長選出、委員会所属、学級目標、給食当番、清掃当番、日直、係活動等、決めなければならないことが山積しています。それぞれの詳細は後述しますが、まずは初めの数日で学年全体に生活のルールを定着させます。

学級ではなく学年全体で行うことが重要です。私が学年の生徒指導担当として生徒たちに要求してきたのは3つのことです。

人を傷つけない　物の目的を超えない　自分を傷つけない

「人を傷つけない」は今後起きてくる人間関係のトラブルやいじめに対する予防線です。

また、暴力のあるところに教育は成立しないことも教えます。

「物の目的を超えない」は物を大切に扱うことと同時に、物の不適切な扱いがトラブルの元凶になることを教えます。文字を消すための消しゴムを投げたことでトラブルになったり、教室を温めるためのヒーターの上に腰掛けたりすることで「暖房を占領された」などと誰かが不満を感じたりすることを予防します。

「自分を傷つけない」には2つの意味があります。1つは自分を伸ばすための努力を怠ることを戒める意味。もう1つは自傷行為の抑止です。思春期ど真ん中の彼らは、大人が「それくらいのことで」と思うような些細なことで深く悩むことがあります。そのときの解決策が自傷行為になることもあります。「自分を傷つけない」の指導には「1人で抱え込まないこと」と「誰かに相談すること」が付随します。


これらを学校生活の原則として通年で学年全体に指導し、安心をつくるシステムとして定着させます。定着のバロメーターは生徒がこの言葉を使うようになることです。誰かが廊下の雨具かけにぶら下がっていた時に、「おいおい、物の目的を超えちゃダメだよ」と言うようになったらしめたものです。

人間関係を意図的に紡ぐ

自分から他者とつながろうとしない生徒が増えています。スマートフォンやタブレットがあれば1人で遊べますし、誰かとつながろうとすればSNSを使うことでオンラインでつながれます。そういう相手ならば、もし関係がこじれてもすぐにブロックできます。

しかし、現実はそうはいきません。だから「傷つくくらいなら関わらない」という感覚をもつ生徒が出てきます。学級における人間関係はあらゆる学級の機能を円滑に動かすための重要なシステムです。年度初めにおける生徒同士の人間関係づくりを、教師が意図的に仕掛けていきます。段階を追って生徒同士の関係をつくっていくことをお勧めします。

①関係の範囲

「隣・前後の人→同じ班員→男子全員・女子全員→性別を問わず全員」と広げます。

さらに1年生であれば、「同じ小学校出身者→違う小学校出身者」へと人間関係を広げるように仕掛けていきます。

②身体接触の度合い

「相手に触らず言葉だけでやりとり→物を介して相手とつながる（写真）→活動後にハイタッチをする」と進めます。

握手するようなアクティビティもたくさんありますが、かなり人間関係が広がるまではひかえておきます。生徒の中には掌の多汗症で悩んでいる生徒もいます。またパーソナルスペースが広く、知らない人に近づかれるのを嫌がる生徒もいます。

③隙間時間に関係づくり

年度初めは、係活動や給食当番などの決め事に多くの時間をとられます。人間関係づくりは「すき間時間」に着々と進めた方がよいです。まとまった時間がなくてもできる、お勧めのアクティビティを紹介します。

1つ目は「チャットタイム」です。

ペアをつくってお題についておしゃべりをします。お互いのことをよく知らない段階では、二者択一のお題が取り組みやすいです。

（お題例）

・家で飼うなら犬か猫か　・今食べたいのは味噌ラーメンか醤油ラーメンか

・旅行に行くなら北海道か沖縄か　・夏の遊びは海か川か

「私なら絶対沖縄だなぁ。新婚旅行が沖縄だったんです。それでね…」教師の自己開示にも使えます。くすっと笑わせるようなネタをもっておくと、生徒と心的距離を縮めることができます。お題について1人が30秒話し、聞き役はうなずきながら受容的に聞くことを指導します。ペアの相手は先に述べたように、隣から班メンバーへとどんどん変えていきます。チャットタイムの詳細は本章第6節「「終学活」のシステム」で後述します。

2つ目は「数集まり」です。「せーの、（手拍子）、せーの、（手拍子2回）、せーの、（手拍子3回）、集まれ！」教師が手拍子をした数の人数で集まります。この場合は手を3回叩いたので3人で集まって一度座ります。集まったメンバーで自己紹介をしたり、お互いの共通点を見つけたりします。集まり方に制限をかけることで、意図的に人間関係を広げさせます。例えば「男子だけで集まるのは禁止」、「同じ小学校の人だけは禁止」などです。

共通点を見つけさせるときも「『日本人』『地球人』は禁止」「見た目でわかることは禁止」などと少しずつ制限をかけることで、生徒たちはおしゃべりをして相手のことを知る必然性が生まれます。

この活動の勘所は、生徒が集まって座るまでの動きです。自分から声をかけられず、指定の人数で集まれない生徒が必ずいます。そのときの周りの生徒たちをよく観察します。大きく分けて２種類の生徒がいます。１つは、自分の仲間はもう見つかっているので安心しきっておしゃべりを始める生徒。もう１つは、仲間に入れずに困っている生徒を心配そうに見ている生徒。後者の生徒の目線と心配そうな表情の存在を全員に伝えます。

「今、学級の仲間を心配そうに見ていた人がいます。仲間に入れていない。今この瞬間に学級に居場所がない人がいます。どうしますか？　このままでいいですか？」

誰かを見捨てる教室にしたいと思う生徒はいません。そうすると、率先して他の人を仲間に入れようとする生徒が出てきます。「同じ小学校は禁止」などの制限によってその生徒が入れない場合、自分のグループを一度解散して、グループをつくり直そうとする生徒も出てきます。誰かに居場所を与えようとする行為を生み出す。それが生徒のセルフサービスで動き出す。それがこの活動の勘所です。

❸朝読書で「静」の状態をつくる

朝読書を実施していない学校もあると思います。いろいろな理由で、朝読書をやめた学校もあるかもしれません。現任校は今年、部活動改革等の影響もあり授業の開始時間や清掃の回数などをかなり変更しました。そのときに話題になったのが朝読書を継続するか否かということでした。私は朝読書推進派です。皆さんは朝読書にどんな効果を期待しますか。学力向上のベースづくりだけではない、集団づくりへの効果もあるのです。

❹日直は２人体制で取り組ませる

日直を１人で行うやり方もあります。仕事に責任をもたせる意味ではそれもよいですが、ここでは２人でやる意味とその効果について述べます。ポイントは仕事と仕事の隙間。そして、仕事を通して人間関係づくりです。全員にときどき回ってくる大切な仕事に、コミュニケーションをとりながら取り組んでほしいと思っています。

2
「朝学活」のシステム

システムづくりのポイント

❶ホワイトボードメッセージで出迎える

中学校の学級担任は小学校とは違って、いつも教室にいられるわけではありません。自分の教科の授業がなければ、朝学活、給食、終学活にしか生徒と顔を合わせない日もあります。担任としての思いを教室に漂わせる工夫をご紹介します。これをすれば担任として大切にしたい価値を、1日中生徒の視界に入れておくことができます。

❷音ではなく時間で動かす

教師が指示をして、それを聞いて生徒が動く。その段階も必要ですが、1年中それをやらなくてはならないとしたら、それは教育とはいえないのではないでしょうか。時計を見て行動できるようにするために、ちょっと他者意識にも働きかけます。朝から担任が指示をして動き出す学級と、日直の生徒などが「先生、もう朝学活を始めてもいいですか」と自分から言って1日がスタートする学級。どちらが自立した学級でしょうか。

ホワイトボードメッセージで出迎える

生徒が登校する前に教室に先生がいる。それが理想の姿ですが、多くの中学校ではそれは難しいのではないでしょうか。勤務時間開始直後に職員室で全体の打ち合わせがあり、管理職の指導があり、その後学年部ごとに今日の打ち合わせ。それから教室へ向かう先生が多いと思います。

教師がいつも教室にいられるわけではない。それが小学校と中学校の学級担任の大きな違いの1つです。それでもいつも「教室に担任の存在を置いておきたい」と考え、私はホワイトボードを使います。ホームセンターで購入できるなるべく大きなものを用意し、それを生徒が教室に入ったときに目にしやすい場所（教室側面の柱な

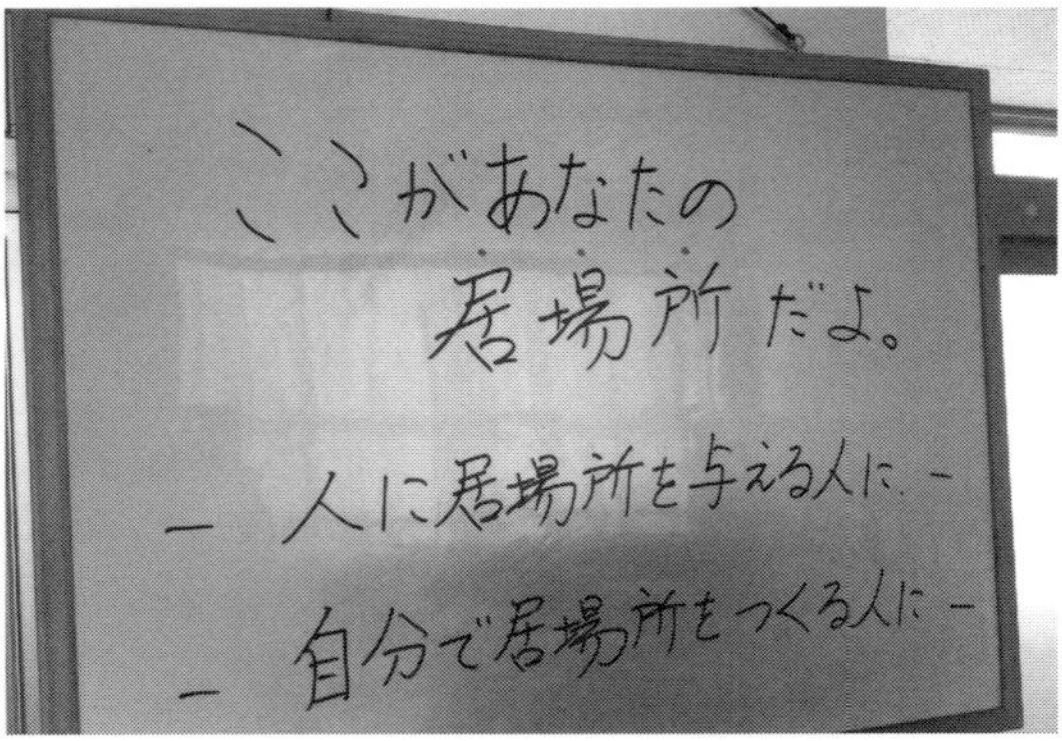

ど）に吊り下げます。

毎朝生徒が登校する前に教室に行き、教室環境を確認し、その日彼らに伝えたいことをボードに書きます。

「黒板に一言メッセージを書いてもよいのでは？」と思われた方もいらっしゃるでしょう。私もそうしている時期がありました。しかし、黒板の文字は授業前には消さなくてはなりません。ホワイトボードに書いておけば、１日そのメッセージは残ります。逆に言えば朝だけでなく、その日にずっと生徒に心掛けてほしいことを書きたい。そう思ってホワイトボードを採用しています。

ボードに書くのは「前日のうれしかった言動」、「今日がんばってほしいこと」、「この時期に心掛けてほしいこと」、「学年主任の話の要点」など多岐にわたります。生徒に「よし、今日もちょっとがんばるか」と思ってほしくて、今日も頭をひねります。

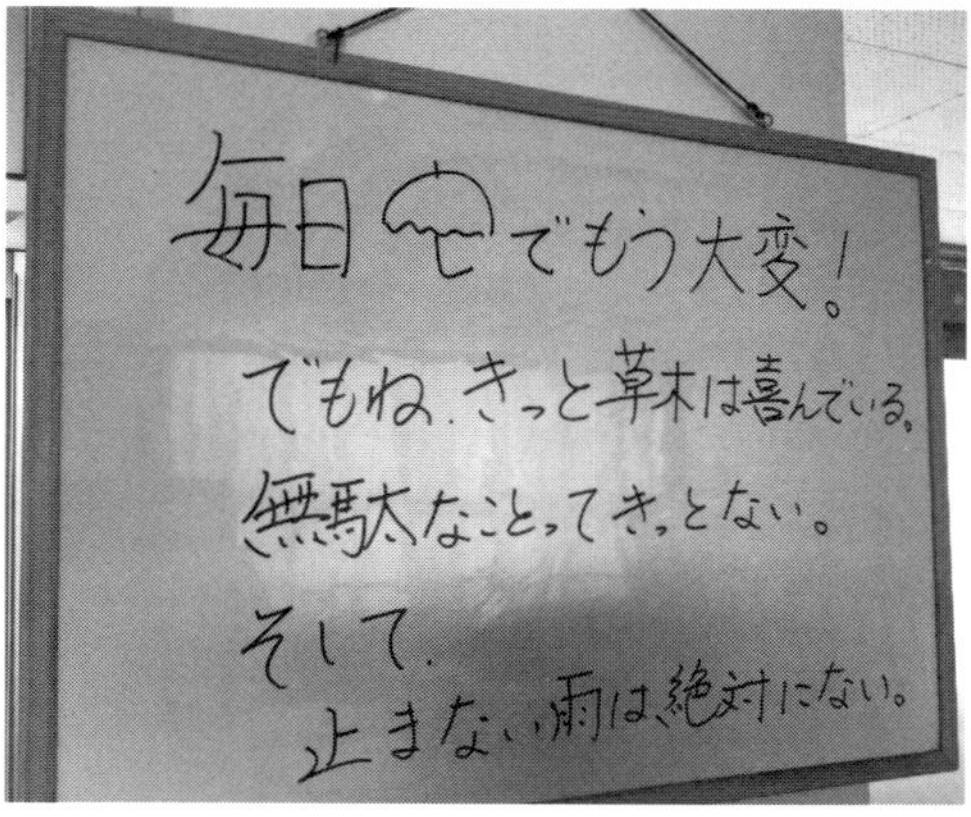

音ではなく時間で動かす

学年共通で使用する「学級びらきノート」について第0章で述べました。日直のシステムについては下図のように書かれています。

日直をAさんとBさん2人で行います。朝学活の前から仕事があることがわかります。

大事なのは3番「自主的に始める」のところです。教師がいつも「時間だから日直さん、朝学活を始めよう」と声をかける教室よりも、時計を見てチャイムが鳴る時刻よりも前に日直が前に出て、「起立」の号令とともにチャイムを聞く。そんな風に、セルフサービスで動ける日直システムを目指したいものです。

＜朝から帰りの会まで＞

1　Aの人が、朝8：15までに教務室前にかごを取りに行き、教卓に置く。
2　Bの人は、電気をつける。天気がよく暖かな日は、教室や廊下の窓を開ける。

3　Aの人は、朝学活を8：30から自主的に始める。
→くわしくは進行表を見よう。（先生がいらっしゃらない場合でも）
4　Bの人は、かごを教務室前の集配棚に置きに行く。

5　給食の始め（A）と終わり（B）の号令をかける。
6　Aは学級日誌を記入する。
（感想は「学級の良いところ」と「今日のMVP」について、最後の行まで書く）
＊MVP＝その日、みんなのために力を発揮した人
7　Bの人は、帰りの会までに指示を出し、座らせる。前に出てきて、帰りの会の司会を始める。（この時、学級日誌を先生に渡す。）
8　（次の日直が「合格」と判定したら）次の日直に引き継ぐ。

朝学活に限ったことではありませんが、諸活動において時間で動ける生徒にします。もっと言えば、時間を守ることで、相手の時間を大切にできる人になってほしいと願っています。そのために教えることがあります。それは、

時間と命だけは全員に平等である

ということです。時間を守らない行為は、人の時間を奪う行為であると教えます。

時間を見て生徒がセルフサービスで動くためには、教師が「時間ですよ」と言わないことが重要です。教師がするから、生徒がしなくなるのです。教師が言うから、生徒は聞くまで動かなくなります。教師が動かそうとするから、生徒が待つようになるのです。４月当初は指示が必要ですが、それを1年間続けていては、生徒は成長できません。

この教室で、目の前のこの生徒たちをどんな人に育てたいのか。先生の教室で過ごす1年で、生徒はどう変わるのか。根っこの部分を考えることも、ときどきは必要だと思います。

朝読書で「静」の状態をつくる

読書には学力のベースをつくるねらいがあります。私はそれ以上の効果を朝読書に感じています。それは放っておけば騒音だらけの学校に「静」を位置づける効果です。

学校はいつもどこかで音がしている所です。椅子を引く音、人の歩く音、人の笑い声、人の騒ぐ声など、かなり騒がしい場所です。教室に「静」の状態をつくるのに朝読書は効果的です。生徒がセルフサービスで静けさをつくれるように次のように言います。

> 朝読書　紙の音しか　聞こえない

椅子を引く音や机を動かす音にも配慮させます。遅れて教室に入ってくる場合、扉の開け閉めの音にも配慮させます。そういう音をたてる生徒は、音に鈍感な場合が多いです。

朝読書を「ひと時の静けさをみんなでつくる時間」と位置付けます。

教室に「静」の状態をつくる目的は2つあります。1つは音に敏感な生徒への配慮です。

学校の騒がしさは、音に敏感な生徒にとっては非常に苦痛を感じる環境です。そういう目に見えない苦しさに配慮させます。自分には感じられない痛みを感じる人がいるということを認識させるのです。こういう配慮の積み重ねが、立場の弱い人や誰かの小さな痛みに敏感になれる感度を養います。いじめ予防の1つになるのです。

もう1つの目的は、「静」の状態をつくる習慣づくりです。「静」の状態は意識的に作り出さなければ絶対に自然発生はしません。そして「静」の状態を知る集団は、本当に大事なときにはきちんと「静」の状態になろうとします。

例えば、大きな地震が起きて体育館に避難したとき。騒がしさは指示の通りを遅くし人命に関わることにもなります。「静」の状態はただ黙っている状態ではありません。意識的に無音と集中をつくる状態です。日常的に教室でその練習ができるのが、朝読書のよさの1つです。

また、朝読書があることで、昼休みに1人で本を読む姿が市民権を得るというのも、朝読書の大きなメリットです。1人で静かに読書する人を「ぼっち」などと、心無い言葉で呼ぶ生徒はいなくなります。最初は時間になったら本を開く習慣づけを行い、ときどきその意味やねらいとする姿についてレクチャーします。

日直は2人体制で取り組ませる

日直を1人体制で行う先生もいらっしゃるかもしれません。私は2人体制が多いです。そうする理由は、日直業務の裏で関係づくりのシステムを起動させるためです。第2節でお示しした日直業務はすべてAさんとBさんの仕事に分かれています。でも、各自がそれぞれの仕事をするだけではうまくいきません。

1人が体調を崩すかもしれません。どちらかが仕事を忘れてしまうこともあります。そして、仕事と仕事には必ず隙間が生まれます。隙間を埋めるためには対話が必要になります。

「ねぇ、私明日の朝に部活の朝練があるんだよね。仕事代わってもらえる?」

「さっきの仕事やってくれたんだね。ありがとう!　代わりに○○やっておくね」

「終学活直後の仕事って、何をするんだっけ?」

仕事をこなすことが目的ではありますが、その過程で「仕事を通した人間関係」を紡ぎ合わせます。しかし、中にはこういう苦情が寄せられる場合があります。

担任　昨日の日直の仕事で、○と○が完了していませんでしたね。日直さんはもう1日よろしくお願いしますね。

Cさん　でも先生、Dさんがやらなくちゃいけないことなんですよ。あの人、やらないで部活に行っちゃったんです。

担任　そうなんだね。それじゃDさんには私から役割を果たすよう話をしておきます。そのうえでお願いだけど、Dさんが今日と同じにならないように、CさんからもDさんに念押ししてくれますか。

言い方は優しくしますが、ここで暗に伝えているのは「仕事の未完はコミュニケーション不足が原因である」ということです。相手との関係性の向上は仕事の質に影響します。生徒がセルフサービスで仕事の隙間を埋めようと行動するためには、仕事を通した相方との関係づくりが重要となります。ですから、コミュニケーションを取りながら上手に仕事をした日直ペアがいたら、そのよさを学級全体に伝えます。終学活で伝えたり、壁のホワイトボードで伝えたりするのがよいでしょう。

❹好き嫌いをする生徒にはこう話す

いつも野菜を残す生徒がいます。いつも魚を食べない生徒がいます。昭和の頃なら、完食するまで席を立たせない指導などもあったでしょう。しかし今は、飽食の時代であり、フードロスが社会問題になる時代です。普段の食生活から、かなり偏食の様子が見られる生徒もいます。そんなときは食材や作ってくれた方への感謝の他に、もう１つ生徒に考えさせたいことがあります。

❺給食委員に権限を与える

給食時間に、教師がずっと大声を出して指示している学級があります。その学級は何月までそうするのでしょうか。給食の時間は、その学級がどれくらいセルフサービスで動ける集団なのかが見える時間でもあります。おそらく、ほとんどの学校に生徒会活動の一環として給食委員会が設置されているのではないでしょうか。私は給食の時間の司令塔を彼らに託します。生徒を動かすだけでなく、生徒が「うちらのクラスの準備遅くない？」と気づき、声を出せるような環境づくりを行います。

3
「給食当番・給食時間」のシステム

システムづくりのポイント

❶給食当番の役割分担を明確にする

役割分担を明確にして、誰が何をすればよいかを一目瞭然にしておきます。しかし、それだけで素早い給食準備のシステムは機能しません。学級の生徒みんなで準備をする意識が必要です。

❷おかわりタイムはここに配慮する

おかわりが公平に行われているかを、担任はよく見なくてはなりません。放っておけば、そこは弱肉強食の関係が生まれる場面だからです。

❸食物アレルギー対応を最優先する

いろいろな食物アレルギーをもつ生徒がいます。その子の保護者は外食でも気を使い、修学旅行も心配するなど、ずっとその子のアレルギーと向き合ってきています。食物アレルギー対応は命に関わる重大な指導事項です。

給食当番の役割分担を明確にする

給食を生徒が自分たちで準備して、配膳から片づけまでを行う学校の場合、給食時間の在り方が学級の姿をよく表します。

まずは白衣を着て配膳を担当する生徒の役割を、表のように明確にします。ワゴンをいち早く持ってくる人、ご飯を盛りつける人、すべてが終わってワゴンを給食室に戻す人などの役割があります。これを年度初めに「学級びらきノート」で確認します。

当番の役割だけでは給食当番のシステムは機能しません。いくら当番だけががんばっても、列に並ぶ生徒が遅くなったり、配

給食について

・通年班、１週間交代で行う。
・エプロン、帽子、マスクをきちんと着用する。（番号のエプロンを着用）
※２回マスクを忘れた人がいた場合、その班は次の週もやり直しとする。
・エプロンは週末に洗濯をして、次の週の初めに必ず持ってくる。
※エプロンを持ってくるのを忘れた人は、その日のワゴンを片付ける。

	分担	1班	2班	3班	4班	5班
1	ココ大事！ ワゴンもってくる　ご飯・欠席者の代理					
2	ご飯・デザート 月曜日　台車をおいてくる →ご飯の入れ物・デザートの入れ物片付け					
3	おかず(主菜) 火曜日　台車をおいてくる →主菜・副菜ボールの容器の片付け					
4	おかず（副菜） 水曜日　台車をおいてくる→かご出し					
5	お汁 木曜日　台車をおいてくる（５人班は金曜も）→お汁容器の片付け					
6	お汁 金曜日　台車をおいてくる					

・給食当番は４限までにトイレを済ませておく。
・もり残しをしない。残った場合は、「いただきます」のあと、食べたい人が取りに来る。

膳後にどこかに遊びに行ったりしていては、「いただきます」ができないからです。そのため、下図のような約束事をつくります。

特に③が大事です。当番の生徒だけが準備担当ではなく、「給食は学級のみんなで準備する」という意識をもたせます。

コロナ渦を経て、班のみんなで机をつけて食事をする風景はもう過去のものかもしれません。それでも学級のみんなでマナーよく食事ができる学級にしたいものです。適度なおしゃべりと食育に関する放送。学校にしかない光景です。家庭の在り方も様々な現代です。食に対する知識を含めて、給食が生徒の成長に与える影響はかなり大きいと認識した方がよいでしょう。

<給食配膳　ここに気を付けて>

①４限終了後、手洗いをすませて12：40には教室の座席につき、配膳開始の号令を待つ（読書などをして待っている）。級長が配膳開始の号令をかける。
②給食当番の分を配膳する人が先に、次に１班から順番に配膳する。
③配膳が終わったら、自分の座席で静かに待つ。席を立たない。
④日直の合図で「手を合わせましょう。いただきます」をする。（12：50）
⑤班の人と仲良く食事をする。食事のマナーを守る。放送は静かに聞く。
⑥食べ残しをしない。→給食当番に「少なめにしてください」とお願いする。班の友達に食べてもらう。
⑦デザートや固形のおかずは友達どうしのやりとりをしない。食べられない人は先生のところに持ってくる。公平にじゃんけんをする。
⑧牛乳パックは決められた方法でたたむ。
⑨日直の合図で「手を合わせましょう。ごちそうさまでした。」をする（13：10）
⑩食べるのが遅くなって給食当番に迷惑をかけないようにする。13：15ワゴン返却

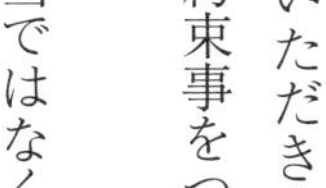

おかわりタイムはここに配慮する

給食のときのおかわり。午前中の授業をがんばって、腹ペコになった生徒たちにはとても楽しい時間です。特に好きな主菜が提供される日には、朝から給食献立表を熱心に見つめる生徒もいます。

おかわりにルールを決めておくとよいでしょう。ルールを決めておかないと、こんなことが教室内に起こることがあります。

「なぁ、お前の方が盛りが多いから、俺の器と交換してくれよ」

「前に甘い物は苦手って言ってたよな。デザートを食べてやるよ」

「ハンバーグのおかわりをほしい人いる？　はい、時間締め切り。俺のもの」

弱肉強食の環境が生まれてしまいます。立場の強い者が、立場の弱い者から搾取する関係。これはいじめにもつながりかねない危険な状態です。また、こんなことを言う生徒も出てきます。

「ニンジンは嫌いだから、このサラダいらない。全部食べて」

担任の知らないところで、給食のやりとりが行われる状態になります。食物アレルギー対応のためにも、担任が把握できない食べ物のやりとりはなくすべきです。

これらのことを抑止するために、次のようなルールを設定します。

①配膳が終わったら、自分の座席で静かに待つ。席を立たない。
②食べ残しをしない。給食当番に「少なめにしてください」とお願いするのは可。
③デザートや固形のおかずは友達同士のやりとりをしない。
④どうしても食べられないものがある人は、食缶に戻しにくる。
⑤固形のおかずは、公平にじゃんけんをして分ける。
⑥固形ではない副菜などは、おかわりをしたい人数で均等に分ける。

教室は安心できる場所でなくてはなりません。ですから、教室に弱肉強食の環境をつくってはいけません。年度初めは教師が監視します。そのコントロールを次第に弱めても大丈夫なように、生徒のおかわりタイムのルーティーン化を図ります。

食物アレルギー対応を最優先する

給食で代替食が提供される日は、私の危機管理意識が普段よりも一段高くなります。食物アレルギーに対する対応は、命に関わる対応だからです。毎年全国のどこかで食物アレルギー事故のニュースを耳にします。きっと、食物アレルギーをもつ子どもとその保護者は、切ない気持ちでそのニュースを聞いているはずです。

「おかわりはしない」や「○○には触れない」など、中学生になると生徒は自分である程度の対応ができるようになっていることも多いですが、絶対に安全ということはありません。そのため、次のような対応が必要になります。

- 代替食が出る日は、アレルギーをもつ生徒の配膳を必ず最初にさせる。
- おかわりのときにメニューを見て、対象食材の有無がないか確認する。

アレルギーがある生徒個人への対応だけでなく、周囲の生徒の協力も必要です。例えば果物のアレルギーがある生徒がいたとします。その日のデザートメニューはミカンのゼリー。しかし、ミカンに対するアレルギーがあるFさんにはパインゼリーが用意されます。このときに「Fさんばっかりズルーい」と声が出ることもあります。こう言われたFさんはひどく傷つくことでしょう。自分ではどうしようもないことで、周囲から分け隔てられること。これは差別の定義の1つです。もしこういう声が出たら「まぁ仕方ないじゃないか」で片づけてはいけません。自分ではどうしようもないことで、相手を攻撃することは許されません。該当の生徒、保護者の許可を得たうえでこんな話をします。

「Fさんは果物にアレルギーがあります。だからみんなとちょっと違うメニューを用意してもらう日があります。それをズルいと思ってほしくない。アレルギーは自分ではどうしようもない体の特徴なんです。自分ではどうしようもないことで人からあれこれ言われるのって辛いですよね。自分ではどうしようもない見た目や身体のことを言われたら、みなさんはどう感じますか。そういうことのないクラスにしたいね」

本人に許可を得るのは当然ですが、アレルギーに対して一番苦労してきた保護者にも連絡し、全体に理解を求める指導を行う許しを得ます。我が子の命とずっと向き合ってきたのは保護者です。そのお手伝いを申し出る覚悟が必要です。そして、代替食対応などデリケートな仕事をしてくれる栄養教諭さんにも感謝を伝えたいものです。

好き嫌いをする生徒にはこう話す

「いただきます」の後、汁物が入っていた食缶に毎日お椀をもってくる女子生徒がいました。彼女は野菜類全般が苦手な生徒です。彼女は食缶に「手際よく」野菜を戻します。昔は「好き嫌いしないで食べなさい。食べるまでお昼休みはなしです」という指導も機能しましたが、昨今はそのような指導をすることはないでしょう。下手をすれば保護者から「不適切指導」として苦情をいただくかもしれません。

この生徒は野菜に対するアレルギーはありません。診断が出ていないので、彼女が野菜を食べないのは単なる好き嫌いの問題です。苦手な食べ物は誰にでもあります。一方でフードロスの問題は社会問題でもあります。そんな環境の中で、私たち担任教師は食事中の好き嫌いについてどんな指導をするべきでしょうか。

私は生徒に無理やり食べさせることはしませんが、生徒自身に「ちょっと先の未来の自分」をイメージさせて、なるべくがんばって食べるように促します。冒頭の野菜が苦手な女子生徒にはこんな話をします。

「野菜が嫌いなのですね。無理に食べなさいとは言わないけど、なるべくがんばってほしい。それとあなたが親になったとき、自分の子どもには野菜を上手に好きにさせてほしい」

生産者さんの思いや調理員さんの思いを話すこともありますが、中学生に響くのは「ちょっと先の自分」にとってのメリット、デメリットかもしれません。父になった自分。母になった自分。そのときにどう振る舞う大人になりたいか。中学生は体は大きいですが、心はまだ子どもです。未来イメージを上手にもたせることで行動変容を促します。

「ちょっと先の未来の自分」の話をすると、配膳された苦手食材を全部戻すことは少なくなります。野菜なら一口は皿に残します。魚なら半身だけ食べる生徒が出てきます。先ほどの女子生徒も、ほんの一口ですが野菜を食べるようになりました。ほんのちょっとの変容かもしれませんが、私はそれでも十分だと思っています。配膳の残量をなくすのは食べ盛りの別の生徒にお願いをしています。

給食委員に権限を与える

「おい！　時間だぞ。早く教室に入りなさい」「なんで今からトイレに行くの！　もう座る時間でしょ」「配膳台を出すのって誰？　昨日も出ていなかったじゃない！」「給食当番さんの分を配膳する人並んで」「おかわりしたい人はここに一列に並んで」

学校は教師から生徒への指示が多い場所です。多くの生徒が生活する場所なので、時間を無駄にしないためにも的確な指示は大切です。ただ、年度初めの４月も、年度末の３月もずっと指示の量が変わらないとしたら、それは生徒集団が成長しているとはいえないのではないでしょうか。

指示されたら動く。それは裏を返せば、指示されたことしかしない、できないということでもあります。ある程度の枠組みなりシステムなりが構築されたら、なるべく生徒の手に委ねたい。それが私の主張です。給食に関しては、給食委員に全体をコントロールする権限を委譲します。理想は教師が教卓で全体を見ているだけ。生徒たちが声を掛け合いながらセルフサービスで準備を進め、「あー、美味しかった」と時間通りに給食時間を終えることです。

そのために給食委員にはいくつかのチェックポイントを提示します。

・全員が着席するまで配膳を開始しない　・先生の配膳と給食当番の分の配膳が最初

・おかわりは食べたい人がそろってから　・「ごちそうさま」の1分前に片づけ準備

これらのチェックポイントを、給食委員と学級生徒全員に周知します。ただし、食物アレルギーに関する指導とおかわりが公平に行われているかどうかのチェックは必ず教師が行います。食物アレルギーは命に関わる指導であり、おかわりの不公平は弱肉強食の関係を生み出し、いじめにもつながりかねないからです。

生徒が声を出す前に教師が声を出すから、生徒が自分でやるようにならないのです。大人がしてしまうから子どもがしない。子育ても同じではないでしょうか。自立した人にしたいのなら、自分でやらせるしか方法はありません。

給食委員に給食時間全体をコントロールする権限を与え、準備の仕方に問題があれば全体に提案させます。「ねぇ、うちらの学級の給食準備、このままじゃダメじゃない？」と生徒たち自身が課題意識をもてるようにします。困ったら話し合い、自分たちで解決策を出せる集団になれば、セルフサービスで動き出す学級に近づきます。

❸役割を「はみ出す」ことの価値を教える

仕事とは基本的に他者への貢献であり社会貢献です。清掃で教えたいことはたくさんあると思いますが、私は「相手の期待のちょっと上をいく」という態度を育てたいと思っています。そのためには自分の役割を遂行するだけでは足りません。それをちょっとはみ出す行動が求められます。

❹時を守り、場を清め、礼を正す

清掃をする目的を生徒に何と説明しますか。学習指導要領には清掃という言葉は数回出てくるものの、学校環境を整える価値についてはほとんど言及されていません。それでも多くの学校で、生徒が自分たちで自分たちの学校を清掃しています。どうせなら、その意味や価値を生徒と共有したいものです。人は環境に左右される動物です。環境づくりに自らコミットしていくことの価値を教えることが、生徒がセルフサービスで動き出すための素地になります。

4
「清掃当番・清掃時間」のシステム

システムづくりのポイント

❶清掃分担は雑巾→ほうきとする

冬の冷たい水に手を入れて雑巾を洗って絞る。汚れたらまた水に手を入れて…。かなり辛い作業です。これが２～３週間続いたら「もう清掃なんか嫌！」となってしまうかもしれせん。そうならないように、雑巾の次の週は違う仕事になるように配慮します。また、学校に来ていない生徒は清掃ができません。では清掃分担表には最初から名前を入れないほうがよいのでしょうか。生徒に暗に与えてしまうメッセージを考えるべきではないでしょうか。

❷合言葉を決める

「ほうきの心は一拍子」、「雑巾に汚れを移し取る」、「角をそろえて飾ってあげる」。清掃時の合言葉です。「～しなさい！」という指導もあっていいですが、毎回それをしていると指導効果は薄れていきます。合言葉に指導内容を含ませてそれを生徒たちと共有します。

清掃分担は雑巾→ほうきとする

清掃時間は10分から15分の学校が多いでしょう。限られた時間で行うために、次ページのような明確な役割分担があると便利です。年度初めに作成しておくと、当番の変更があるまでローテーションで清掃に取り組むことができます。掲示場所は清掃用具入れの側面がよいです。自分の役割を確認して、すぐに道具を取り出す導線の確保につながります。

役割分担は1週間で交代することを基本とします。その際、雑巾がけが連続しないように配慮します。

冬の雑巾がけはとても大変です。蛇口からお湯が出る学校はそれほど多くありません。手がかじかんで真っ赤になることもあります。ですから、雑巾がけの分担が2週連続にならないようにします。この配慮が生徒のセルフサービスでの行動を促します。

「今週は雑巾か。まぁ、今週頑張れば来週はしなくていいからな」

苦労はずっと続くと思うと本当に辛いです。たまに「雑巾がけ大好き!」という生徒もいますがかなりレアな存在でしょう。

苦労には終わりがある。そういう感覚は、ちょっとがんばる動機に変わるものです。

また、当番の中には比較的自由に動ける分担を用意し、欠席者の代行ができるようにしておきます。黒板清掃やゴミ捨てなどの担当がそれに該当します。昨今のほとんどの教室には、学校に来ていない生徒がいると思います。皆さんはその生徒の名前を当番表から外してローテーションをつくりますか。私は「この子はここにいない子」という暗黙のメッセージになると考え、不登校の生徒も表に入れます。その仕事も先の生徒に代行を依頼します。

	氏名	1週目	2週目	3週目	4週目	5週目	6週目	7週目	8週目
1		ほうき　廊下側	雑巾全体 最後黒板下仕上げ	廊下ほうき 雑巾 教室机運び	黒板そうじ チョーク受け 水ぶき 最後ごみ捨て	廊下ほうき 雑巾 教室机運び	雑巾　駐車場側	ほうき　駐車場側	雑巾　中央 水捨て
2		雑巾　廊下側 水くみ	ほうき　廊下側	雑巾全体 最後黒板下仕上げ	廊下ほうき 雑巾 教室机運び	黒板そうじ チョーク受け 水ぶき 最後ごみ捨て	廊下ほうき 雑巾 教室机運び	雑巾　駐車場側	ほうき　駐車場側
3		ほうき　中央	雑巾　廊下側 水くみ	ほうき　廊下側	雑巾全体 最後黒板下仕上げ	廊下ほうき 雑巾 教室机運び	黒板そうじ チョーク受け 水ぶき 最後ごみ捨て	廊下ほうき 雑巾 教室机運び	雑巾　駐車場側
4		雑巾　中央 水捨て	ほうき　中央	雑巾　廊下側 水くみ	ほうき　廊下側	雑巾全体 最後黒板下仕上げ	廊下ほうき 雑巾 教室机運び	黒板そうじ チョーク受け 水ぶき 最後ごみ捨て	廊下ほうき 雑巾 教室机運び
5		ほうき　駐車場側	雑巾　中央 水捨て	ほうき　中央	雑巾　廊下側 水くみ	ほうき　廊下側	雑巾全体 最後黒板下仕上げ	廊下ほうき 雑巾 教室机運び	黒板そうじ チョーク受け 水ぶき 最後ごみ捨て
6		雑巾　駐車場側	ほうき　駐車場側	雑巾　中央 水捨て	ほうき　中央	雑巾　廊下側 水くみ	ほうき　廊下側	雑巾全体 最後黒板下仕上げ	廊下ほうき 雑巾 教室机運び
7		廊下ほうき 雑巾 教室机運び	雑巾　駐車場側	ほうき　駐車場側	雑巾　中央 水捨て	ほうき　中央	雑巾　廊下側 水くみ	ほうき　廊下側	雑巾全体 最後黒板下仕上げ
8		黒板そうじ チョーク受け 水ぶき 最後ごみ捨て	廊下ほうき 雑巾 教室机運び	雑巾　駐車場側	ほうき　駐車場側	雑巾　中央 水捨て	ほうき　中央	雑巾　廊下側 水くみ	ほうき　廊下側
9		廊下ほうき 雑巾 教室机運び	黒板そうじ チョーク受け 水ぶき 最後ごみ捨て	廊下ほうき 雑巾 教室机運び	雑巾　駐車場側	ほうき　駐車場側	雑巾　中央 水捨て	ほうき　中央	雑巾　廊下側 水くみ
10		雑巾全体 最後黒板下仕上げ	廊下ほうき 雑巾 教室机運び	黒板そうじ チョーク受け 水ぶき 最後ごみ捨て	廊下ほうき 雑巾 教室机運び	雑巾　駐車場側	ほうき　駐車場側	雑巾　中央 水捨て	ほうき　中央

合言葉を決める

ほうきで床を掃いたり、雑巾がけをしたりすることは今の家庭ではあまりありません。家では掃除機を使います。ロボット掃除機にさせる家庭もあるでしょう。ほうきをうまく使えない生徒がいます。小学校はモップ清掃だったからやったことがないという声を聞くこともあります。雑巾で床をふくときに、なるべく雑巾を触らないように器用に親指、人差し指、中指だけで雑巾を進める生徒がいます。また、片づけのときに雑巾を広げて干せない生徒もいます。次の3つのような合言葉を決めて、生徒がセルフサービスで取り組めるようにするのはいかがでしょうか。

合言葉その1、ほうきの合言葉は**「ほうきの心は一拍子」**です。ブーン、ブーンとほうきを回して弧を描くように床を掃く生徒に「もっと丁寧に掃きなさい」と言ってもおそらく理解できません。「今3拍子で掃いているよね。1、2，3の3のところで床を掃いている。ほうきの心は一拍子なんだよ。ほら、やってみるよ。1、1、1、1…そうそう、そうするとゴミがどんどん動くよね」すると、しばらくは「1、1、1…」と言いながら楽しそうに掃くようになります。

合言葉その２、雑巾の合言葉は**「雑巾に汚れを移し取る」**です。３つ指を立てて雑巾を触らないで床を拭く生徒に「もっと力を入れないと駄目だ」と言ってもおそらく変わりません。床を拭く目的がわかっていないからです。「雑巾の白いところに床の汚れを移し取ろうね。これが真っ黒になればその雑巾はもう役目を終えたことになるよ。あなたが最後を見取ってあげてね。すぐに新しい雑巾を出すよ」雑巾を黒くするというミッションを理解した生徒は、懸命に力を入れて床とにらめっこするようになります。

合言葉その３、片づけの合言葉は**「雑巾は角をそろえて飾ってあげよう」**です。写真でモデルを提示するのが効果的です。かつての同僚は「雑巾をオブジェに」という合言葉を使っていました。素敵な表現だと思います。合言葉が生徒の口から自然と出るようになるまで、しばらくは教師が発信を続けて、流行するのを待ちます。

役割を「はみ出す」ことの価値を教える

どんなに配慮しても仕事と仕事の間には必ず「隙間」が生まれます。仕事の「隙間」に気づき、そこを自分から埋めようと動く態度を清掃で育てます。

例えば、床の雑巾がけを3人で担当したとします。廊下側3分の1、真ん中3分の1、窓側3分の1を1人ずつが担当します。放っておくとそれぞれの担当部分に板1枚分くらいの「隙間」ができます。仕事と仕事の「重なり」を生み出すよう指導することで、この「隙間」は回避できます。

また、ほうき担当が3人いる場合、普通は最後にゴミを取る生徒は1人です。その生徒がゴミを取り始めると、他の2人は「もう自分の仕事は終わり」と考え片づけを始めます。ここに「隙間」が生まれます。「ここからは自分の仕事ではない」と各自が考えていれば、仕事の「重なり」は生まれません。ゴミをすべて取りきるまでが、ほうき担当全員の責任という考え方を浸透させます。

清掃中の「隙間」を見かけたらこんな風に声をかけます。「おーい、まだほうきチームの仲間が仕事しているぞ」「あれ、板1枚分がふけてないなぁ。雑巾チームでコミュニケーションとれている？」

仕事と仕事の「隙間」に気づける心。清掃でそれを育てることは、彼らが新入社員になったときにつながると考えます。言われてもできない新人では困ります。言われたことしかできない新人は、失敗することは少ないかもしれませんが、職場であまり可愛がってもらえないかもしれません。言われていないけれど自分から動く新人は、きっと職場で重宝されるでしょうし、可愛がってもらえるはずです。余計なことをするのは考えものですが、相手が要求することのちょっと上をいく対応ができる人は、社会に出てからも高く評価されることでしょう。

自分に与えられた役割を「はみ出す」ことは、率先して他者に貢献する態度そのものです。生徒には「相手の期待のちょっと上を目指そう」と話します。特に、職場体験学習の前などには効果があります。相手が中学生に期待しているあいさつのちょっと上の「おはようございます」は相手を喜ばせます。相手が「このくらいだろう」と思っている陳列の仕方のちょっと上をいく丁寧な仕事は、きっと相手をうれしくさせるはずです。

清掃を通して、仕事の仕方と周囲への貢献について教えることができるはずです。

時を守り、場を清め、礼を正す

中学校学習指導要領に「清掃」についての表記はほとんどありません。「教室の清掃はこんなことを目指しましょう」というような指示が明確ではないのです。

それでも日本全国の学校で、清掃は生徒が自ら行うものになっています（清掃を生徒にさせない学校もあるかもしれません）。諸外国で学校の清掃を行うのは、清掃員という職業の方です。日本の学校では生徒に取り組ませることですから、ねらいをもって取り組ませる必要があります。そうしなければ、清掃は教師に命令された労働になってしまいます。清掃をすることで生徒に何を学ばせますか。

いろいろな考え方があると思いますが、私は森信三氏の「職場再建の三原則」を生徒に伝えます。「時を守り、場を清め、礼を正す」です。

日常の学校生活で時間を守ることについては、生徒は教師からたくさん指導される場面があります。礼を正すことについても、授業のあいさつ指導や部活動での礼儀指導などで、生徒はその価値に自覚的になる場面が少なくありません。

一方、場を清めること、環境づくりの価値について生徒はどれくらい学校生活で考えているでしょうか。

場を清めることが組織をよくする。環境を整えることが、人を成長させる。そう考える人は清掃などで自らの手を汚すことを厭わない態度と考え方を身につけているはずです。そして、そのような態度と考え方は、生徒が今後所属していく組織やコミュニティで、彼らが周囲から愛されるための素地となる。私はそう考えて清掃指導をしています。つまり、清掃を通して、勤労、責任、相互扶助、環境維持等の考え方を身につけさせたいと思っているのです。

清掃の時間の話ではありませんが、テスト等で普段の座席とは違い名簿順の座席に座る場面があります。そのときは人の机を借りることもあります。テストが終わったときに消しゴムのカスを集めてゴミ箱に捨てに行く生徒が何人いるか。その人数でその学級の生徒が「場を清める」ことの意義を理解しているかどうかがある程度わかります。自分の机ではないので、消しゴムのカスを放置することもできます。もしくは床にパッと払い散らかすこともできます。それをあえて集めて捨てに行く。こういう生徒を心から尊敬します。

❸活動時間を限定する

給食を片づけるときに食器かごが出ていなかったり、ゴミ袋が出ていなかったりすることがあります。活動すべき時間にその係が動かないと、学級全体の活動に遅れが出ます。係活動に時間意識をもたせます。また、仕事を誰かに依頼するときは、その仕事をする時間をきちんと確保してから依頼します。班長の集まりなどがそれに該当します。相手の時間をいただくという意識が大切です。

❹活動の引き継ぎをさせる

係の仕事分担は、年度の途中に何回か交代します。席替えのタイミングであったり、時期で交代したりすることが多いでしょう。仕事が変わったら、すべてを教師が指導するのではなく、前任者から後任への引き継ぎを行うようにします。

❺働くことと居場所づくりの関係を教える

一般的に、働くことはそれに対する対価を得る行為です。学校における労働に対価（給料など）は出せません。「だったら面倒なのでやりません」と言う生徒がいても不思議ではないのです。しかし働くことは対価を得るだけでなく、その集団なり組織なりに自分の居場所をつくる行為でもあります。それを生徒に教えます。

5
「係活動」のシステム

システムづくりのポイント

❶係分担の基本をつくる

学級の座席を６分割し５～７人で生活班をつくります。各生活班に対して係活動の１つを割り振ります。教科連絡係、連絡黒板係など、学級生活を円滑に動かすための６つの係活動を設定します。枠組みをきちんとつくることは、生徒がセルフサービスで動くための土台になります。

❷休みの生徒に対応する

「前時の黒板が消えてないぞ。当番は誰だ。ん？　休みか。仕方ないなぁ」そう言って、授業者が前時の板書を消すことがあります。休んだ人の代役遂行がシステム化されていないことが原因です。休んだ人の穴を埋めることも仕事にしておきます。このシステムは、不登校の生徒に対しても同じです。生徒の理解を求めながら「その子」も係活動に参画させます。

係分担の基本をつくる

係活動は、学級生活が滞りなく進むために必要な最低限の役割分担です。次頁の一覧のような係活動を設定します。5～6人からなる生活班が1つの係を担当します。表のように仕事内容を示し、生徒たちにどの係に就きたいかを選ばせます。希望が重なった場合はじゃんけんで決めます。1人に勝敗の責任がかかるのは忍びないので、「じゃんけん団体戦」をするのもよいです。各班から3人ずつが出て先鋒戦、中堅戦、大将戦を行います。柔道や剣道の団体戦のイメージです。

係は定期的に交代します。席替えごとに交代したり、学期ごとに交代したりすることが考えられます。いろいろな仕事に携わって仕事を覚えてもらった方がよいでしょう。

1人1台端末があるので、週予定などが各自の端末に送信される学校もあると思います。そういう場合、連絡黒板係は不要ですから、週予定や翌日の時間割をネット上にアップする係を設定してもよいでしょう。

学級スタートの年度初めは、次のような係を教師が設定し、明確な役割分担を決めます。いつ、どの場面で、どの時間までに、誰が、何をするのかを決め、それがきちんと遂行されるように指導します。４月のこの習慣づけが、１年間の学級の安定的な係活動の在り方を左右すると考えた方がよいです。なぜなら、どの係も集団が円滑に機能するために最低限必要な仕事ばかりだからです。最低限のものがグラついているようでは、もっと自治的な活動や、文化的な活動にはつながらないでしょう。

係活動が機能していない状況が見られたら、放課後などに係別反

学級での生活を支える大切な仕事。みんなが役割をきちんと果たすことで、学級が動きます。

連絡黒板係	班	・明日の予定を教務室前廊下の変更黒板で見て確認。 ・教室前のホワイトボードに、昼休みに記入。 変更があったときは、すぐに学級の仲間に伝達し、赤ペンで記入。 →明日の予定が気になる人、掲示を工夫したい人。
集配係	班	・帰りの会の直前に、集配棚に集配物を取りに行く。 ・白いかごを取りに行く。みんなに配る。 →配るのが大好きな人。
教科連絡Ａ	班	・担当授業が終了したら、次の時間の内容を先生からお聞きし、メモをとる。 ・宿題と持ち物を忘れずに。宿題は、宿題黒板に記入。 （国・数・音・保健体育・学活道徳） →学習内容が気になる人。
教科連絡Ｂ	班	Ａと同じ （社会、理科、英語、美術、技術家庭科、総合的な学習の時間） →学習内容が気になる人。
整備係	班	・火・木曜の放課後に軽清掃をする。 ・空気の入れ換え。 →そうじ、整理整とんが好きな人。
庶務係	班	・給食の台ふき、給食のゴミ袋出しをする。 ・授業後の黒板消しをする。 ・先生の給食準備。 ・日直の仕事引き継ぎの判定（帰りの会にて）。 →給食が好きな人、給食のために貢献したい人。

省会を行います。「なぜ係活動が機能しないのか」を話し合わせます。「Aさんが仕事をしないから」など、個人の責任追及になったら、「Aさんに対してどんな声掛けをしましたか」と問います。班内のコミュニケーションの在り方を見つめ直させ、翌日からの円滑な活動につなげます。

ときどき生徒からこんな声が出てくることがあります。

「先生、もっとこういう役割があるといいと思います」

こういう声が出てきたらその生徒の気づきをほめ、新たな係をつくることを許可します。その場合には、既存の係とは別組織としてつくるように指示し、メンバーも班を限定せずフリーで集めてよいこととします。レク係やおみくじ係など、学級の生活をより豊かにするような係が想定されます。小学校で、自由に係をつくって活動することを経験してくる生徒もいます。その経験を、学級生徒みんなのために生かせるようにします。

「学級の係を決めない」という実践を耳にしたことがあります。必要な仕事に気づいた人や、その作業が得意な人が自ら仕事を遂行するシステムだそうです。それができたら素敵だとは思いますが、仕事の不公平が生まれるのではないかと心配になります。大人でも次のような人はいませんか。

・周りに何か言われるまで、なるべく動かない人
・「忙しい、忙しい」と言って、自分に仕事が来ないように自衛する人
・普段は自分から動こうとしないのに、後から口を出すときは強気な人

目の前の生徒たちに、こういう大人にはなってほしくはないです。ですから私は、公平な役割分担の方法を採用します。

先に示した係の仕事は、集団が朝学活から終学活まで円滑に機能するために、最低限必要な仕事ばかりです。それに対して何もしない人がいるとしたら、気の利く人ばかりが動くことになります。ある程度公平に仕事を分担することは大切です。仕事の遂行とは、その集団に所属するための作法の1つでもあります。

そして、係活動の役割交代の時期を明示することも重要になります。「この仕事が大変だ」と思っても、「あと○回やれば終わる。交代だ」という見通しがあれば、頑張れます。席替えで係を交代するのか、時期で係を交代するのか、いつ頃にそれが行われるのかを生徒に示したうえで、日々の仕事に取り組ませます。

休みの生徒に対応する

欠席者がいると係活動が停滞することがあります。例えば、水曜日の授業後に板書を消すBさんが欠席していて、2時間目になっても前の授業の板書が残っている。これは係活動のシステムエラーです。生徒の責任ではありません。制度設計として「欠席者がいた場合の対応」が出来ていないことが原因です。

係活動のメンバー表に代行役を位置づけることで、先のような事例は予防することができます。名称は代打、助け役、穴埋め仕事人などの名称が考えられます。

長期の休みが続いたり、不登校状態にあったりする生徒を係活動に加えるかどうか。皆さんはどうお考えでしょうか。私は不登校の生徒も係活動に組み込んだ方がよいと考えています。その生徒は仕事をできません。学校に来てくれればできますが、しばらくは学校に来ない状態が続く見通しです。それでも係活動の表には名前を入れておくべきだと思います。そうしないと「その子は教室にいないことが当たり前」と暗に生徒に教えることになるからです。

しかしその子の名前を係活動の表に連ねるには、生徒にこちらの思いを理解してもらう必要があります。その子がここにいないことで、自分たちの仕事が増えるのですから。

生徒にはこんな風に話をして理解を求めます。

「今は学校に来ていないＣさんも係活動に入れてくださいね。いつになるかはっきりとは言えないけれど、ＣさんはＣさんのがんばりで学校とつながろうとしているから」

「その分あなたたちの仕事はちょっと増えることになるけど、それでもいいですか？」

「Ｃさんを係に入れてくれてありがとう。自分がしてもらったらうれしいことをＣさんにもしてあげてほしい。あなたが親になって自分の子が学校に行けなくなったら、その学級の仲間たちにしてほしいことを今できると素敵だよね」

ちょっと先の未来思考。中学生ならばそんな視点も有効です。今のようなお願いに肯定的に生徒が応じるためには、普段から教師がどれくらいＣさんのことを教室で話しているかがカギになります。「Ｃさんね、今日の夕方６時に学校に来るんだ。久しぶりに会えるからうれしいんだ」「Ｃさんが昨日教育委員会がやっている校外の教室に顔を出したって。がんばっているよね」担任の思いを汲んでくれた生徒は、Ｃさんを仲間にしてくれます。

活動時間を限定する

「活動時間を限定する」というのには、次の①②の意味があります。

①活動時間を指定する

係活動にはそれぞれ活動のピークの時間があります。先述した6つの係活動の場合なら、次のように活動時間を指定します。

- ・連絡黒板係　「昼休み」に翌日の時間割を確認して掲示を変える。
- ・集配係　「終学活前」に集配棚に配付物を取りに行く。
- ・教科連絡係AB　「終学活前」に翌日の授業内容と持ち物を書く。
- ・庶務係　「給食前」に配膳台を出して水拭きする。「ごちそうさまの前」にゴミ袋を出す。
- ・整備係　「清掃のない日」の「終学活終了後」に教室の軽清掃を行う。

活動すべきタイミングを逃すと学級全体の活動が遅れます。そのため係活動にはタイムリーな動きが求められることを教えます。それを理解できた生徒は時計を見てセルフサービスで動くようになります。

②活動時間を確保する

こんな指示をすることはないでしょうか。

「班長さんたちにお願いがあります。この前の話し合いで出た意見をまとめて次のクラス会議で提案してほしいんだ。よろしくね」

班長たちにも授業があり、部活動があり、習い事があり、友人との約束などがあります。仕事を依頼するときは「活動時間」の設定とセットにして、次のように依頼します。

「班長さんたち、明日の昼休みは空いていますか？　この前の話し合いで…」

昨今の子どもたちならＳＮＳなどでつながっていますから、帰宅後も連絡を取り合うことは可能ですが、それに頼って仕事を任せるのは相手の時間を奪う行為です。仕事を依頼するときは時間の捻出までを考えて依頼します。職員室での教師同士の依頼も、同じようにしたいものです。

活動の引き継ぎをさせる

年度初めに係活動を設定し、その機能度を高めるように指導を繰り返す。そして、安定的に係活動が遂行されるようになる。5月あたりに、この状態が出来上がることが望ましいです。こうなると、黒板係や教科連絡係の「プロフェッショナル」があちらこちらにいる状態になります。

そして係活動の役割交代の時期を迎えます。席替えをして生活班のメンバーが変わり、そのタイミングで交代になることが多いのではないでしょうか。役割分担が変わると、係の「プロフェッショナル」たちはいなくなり、ほぼ全員が「素人」になります。

年度初めに行った係活動の指導をやり直す方法もあると思いますが、それでは生徒がセルフサービスで動き出すようにはなりません。いつまで経っても教師に依存する集団になってしまいます。

生徒たちに係活動の引き継ぎを依頼します。最初の役割交代であれば、こんな指示がわかりやすいでしょう。

「これから係活動引き継ぎ会を行います。これまで、各係の活動に一生懸命に取り組んでくれてありがとう。一人ひとり人が動いてくれたから、いつも不便なく生活できました。みんなはそれぞれ係のプロフェッショナルです。席替えをしたので、明日から係活動の役割を交代します。黒板にこれまでの役割分担表と、新しい分担表を貼りました。今から時間をとるので、仕事内容の引き継ぎをお願いします。次の係の人が困らないようにアドバイスをしてください」

生徒たちは「次からよろしく」「ねぇ、この係って何すればいいの？」などと話しながら、自分の次の役割を具体的にイメージしていきます。

「社会のT先生って、授業が終わるとすぐにいなくなるから、速攻で次の授業内容を聞いた方がいいよ」

「理科のS先生ってね、昼休みはだいたい理科準備室にいる。そこで連絡を聞けるよ」

このように、係を経験した生徒しか知らない知恵が、次の担当者に伝授される時間になります。1学期は教師が引き継ぎの時間を設定して、仕事の停滞がないようにします。2学期以降は、徐々に生徒に引き継ぎも含めて係活動であることを指導し、自分たちで行えるようにしていきます。

働くことと居場所づくりの関係を教える

係活動は仕事です。仕事とは、基本的に誰かのためになる行いです。係活動を「面倒くさい」と感じて一向に自分の役割を果たそうとしない生徒には次のように話をします。

担任 あなたはこの学級の生徒だよね。だから、ここに居場所が必要なわけだ。
生徒 そうですね。
担任 居場所ってさ、どうやったらできると思う?
生徒 ?
担任 これまであなたはここまで大きくなるのに、たくさんの人に居場所を与えてもらってきたよね。生まれてあなたの家に子どもとして居場所をもらって、小学校で先生や仲間に居場所をもらって、ここまで来たわけだ。
担任 居場所ってね、もらうパターンと自分でつくるパターンがあるんだよ。居場所を自分でつくるには、役割が大事なんです。自分に与えられた役割を果たすことって、

自分で自分の居場所をつくることなんだよ。

「おいおい。いつまで人に居場所を与えてもらう立場のままでいるんだよ」と思ったとしても、この言葉は言いません。こう言ってしまっては相手のプライドを傷つけることになるので、ダイレクトには伝えませんが、本音はそこにあります。自分が所属する集団のために働くこと。それは誰かのためになる行為行動であると同時に、自分の存在意義を自分で創出しようとする行為です。これは中学生にも十分に理解できる考え方です。そして居場所づくりには、もう1つの選択肢があります。それは誰かに居場所を「与える」ということ。相手がしてくれたことに対して感謝を伝えれば、相手はきっと「自分はこの人のためになれた」と感じるはずです。あいさつも同様です。誰かに「おはよう」と声をかけられれば「この人は、私の存在を認めてくれている」とうれしい気持ちになるはずです。

教室に自分の机といすがある。それだけでは、教室に自分の居場所があることにはなりません。自分で居場所をつくろうと動くことが大事です。それができる人は、今度は他の人に居場所を与えようと動いてほしい。生徒たちに普段からそんな話をして、互いの居場所を与え合う学級を目指します。

❸チャットタイムを定常的に行う

人間関係づくりの１丁目１番地はおしゃべりです。何の準備も必要ありません。相手がいればできます。これを終学活の隙間時間に毎日行い、学級に細いつながりをたくさん張っていきます。誰とでも話ができる状態をつくることは、いじめ予防の取組としても効果が大きいです。お題の例を示します。ぜひ先生方の自己開示にも使っていただきたいです。

❹生徒の視点を増やす

人間関係のイザコザの予兆など、教師には見えにくいものが教室にはあります。それと同時に教師にしか見えないものもあります。生徒は学級全体を見ることは稀でしょう。基本的には狭い人間関係の中で日常の学級生活を送るからです。教師による定点観察を行い、それを生徒にフィードバックすることで、生徒の「人を見る目」を養います。そして他者貢献の姿を可視化し、生徒が生徒に憧れをもてるような環境づくりをしていきます。

6
「終学活」のシステム

システムづくりのポイント

❶「よいところ探し」をミッションとする

日直はときどき回ってくる仕事です。通常業務に、日直にしかできないミッションを加えます。それが「よいところ探し」です。自分が誰かにしてもらったことや、誰かが誰かに対してしているよい行いなどに注目して、１日を過ごさせます。それを日直から学級全体に発表するというミッションです。嫌でも１日中周囲を観察しなくてはなりません。ミッションを通じて育てたいのは、他者意識です。

❷連絡は文字と音声で伝える

情報のインプットには得意不得意があります。文字の方が入りやすい生徒もいますし、音の方が入りやすい生徒もいます。どちらの生徒にも配慮が必要です。そして、文字情報であれば、その日学校を欠席した生徒にも写真データを送信することができます。１人１台端末を生かした連絡方法を考えたいものです。

「よいところ探し」をミッションとする

終学活はその日の振り返りと翌日の日程確認の場です。その司会進行を日直が担うことが多いでしょう。しかし、それだけでは日直は「たまに回ってくる仕事」でしかありません。たまに回ってくる立場だからこそ、その日だけのミッションを日直に与えます。それは「1日中周囲をよく観察して、誰かのよさを発見する」というミッションです。かつての同僚たちはこれを「今日のMVP」、「今日の『いいね』」などの名前で終学活のメニューに入れていました。生徒が他の生徒のよさを見つけることを仕事の1つにするのです。

私の学級ではこのメニューを「今日の『ありがとう』」としています。誰かのよさを見つけそれをみんなの前で発表する。これは生徒による、生徒に対する評価ともいえます。「Aさんが○○していて偉いと思いました」これだとなんだか上から目線に感じます。「みんなよくがんばっていました」何とも抽象的でよくわかりません。

しかし、「ありがとう」を誰かに伝えようとしたら、エピソードは具体的にならざるをえません。そして1日中、誰かとの関わりに気を配る必要があります。

例えばこんな「ありがとう」が考えられます。

①「Bさんが移動教室のときに『一緒に行こう』って言ってくれました。ありがとう」

②「Cさんが D さんに優しく声をかけていて、見ててうれしくなりました。ありがとう」

①のように自分が誰かに何かをしてもらったことに対する「ありがとう」は出やすいです。しかし、それだけだと「今日は特にないかも」という生徒もいます。その場合には②のように見ていてうれしくなったこともよしとします。むしろ、そちらの方が周囲をよく見られているということを価値付けます。そういうエピソードを話してくれた日直の生徒には、「そういう周りのよさに気づけるあなたが素敵だよ。ありがとう」と声をかけます。周囲のよさに気づこうとする風土を少しずつ積み上げていきます。

「ありがとう」を言われて嫌な気持ちになる人はいないでしょう。そして「ありがとう」という声がけは確実に伝染します。教師が「ありがとう」と言うのを心がけると、その伝染力は倍化します。「ありがとう」があふれる学級には温かな空気が流れ始めます。

連絡は文字と音声で伝える

教室の後ろの黒板やホワイトボードには翌日の授業が書かれることが多いです。しかし、あれもこれも書き込むと情報過多になり、目で見たものを処理するのが苦手な生徒にはわかりにくいものになる場合があります。２か所に分けて掲示することを提案します。

１つ目には翌日の授業の教科と内容を掲示します。写真は悪い例です。２限の内容が「続き」となっています。前日に学校を欠席した生徒が、１日ぶりに登校してこれを見たらどう思うでしょうか。「昨日の続き…何の続き?」学習内容の欄には授業で扱う単元名や内容を書くべきです。

２つ目には週予定に書かれていることをまとめて書きます。通常授業か短縮授業か。清掃はあるのかないのか。部活動はど

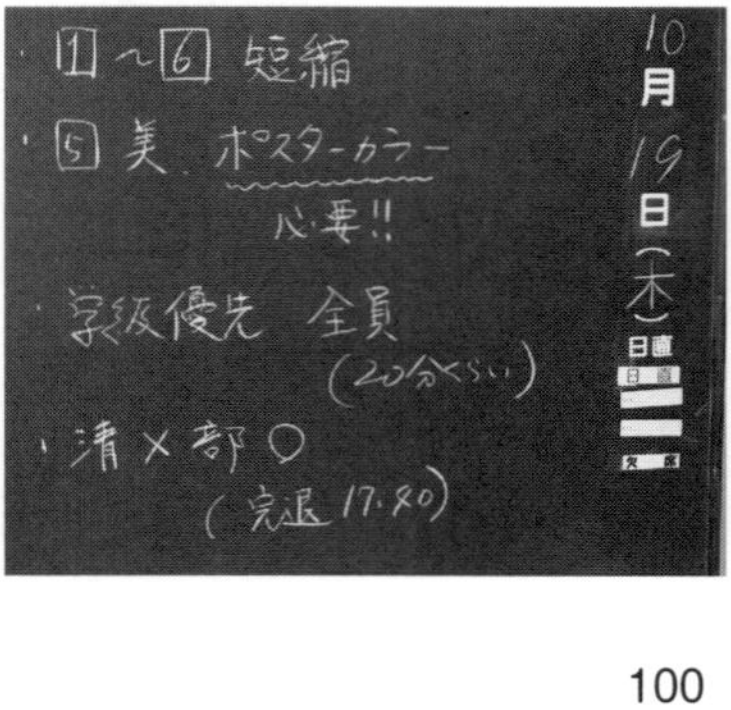

うか。そして下校時間は何時何分なのか。見通しがもてないと不安になる生徒もいるので、これらを見たら全体が把握できるようにします。文字で書きそれを口で説明することで、多くの生徒に連絡がいき渡ります。ときどき「明日は短縮で、清掃があります。部活もいつも通りです」と口頭で連絡するだけの方もいますが、文字情報の方が入る生徒もいますし、なにより文字にしておくことで、欠席した生徒にも写真データを端末に送ることができます。この欠席者への送信も、年度初めには教師が情報共有のためのアプリに投稿して連絡をしますが、次第にその役割を生徒に委譲します。慣れてくれば「さようなら」をした後に生徒が黒板を写真に撮り、写真をアプリに添付して投稿する姿が日常になります。

２つ目の黒板に書いたものは、そのまま翌日の朝学活の連絡で使用します。生徒も登校後、担任が教室に来る前に昨日の記憶を文字で確認することができます。

１人１台端末の学校において、生徒がセルフサービスで動く姿というのは、端末に送られた週予定や時間割を見て自分で確認する姿です。とっくにそうしている学校もあるでしょう。ですが、まだ端末使用について教師のコントロールが強めの学校もあります。いつでもどこでも、生徒が端末を見てよい学校が増えていってほしいと思っています。

チャットタイムを定常的に行う

チャットタイムとは隣同士の生徒のおしゃべりタイムを指します。ペアトークや雑談タイムなどいろいろな名称があります。終学活のメニューを終えてからの少しの隙間時間を活用します。

①今日のお題を提示する
②ペアをつくる
③片方が30秒お題について話す
④時間になったら役割を交代する

2分弱あればできる活動です。お題の例は次のようなものを使います。順を追ってだんだんと話し込まな

いと難しいものに変えていくのがよいでしょう。

（その1）二者択一

・犬派？　猫派？　・旅行に行くなら北海道？　沖縄？　・海派？　山派？
・シシャモは頭から？　尻尾から？　・あんこは、こしあん派？　つぶあん派？

（その2）答えが限定的

・朝食はご飯？　パン？　シリアル？　・泳ぐなら海？　川？　プール？
・目玉焼きに何かける？　・好きなコンビニエンスストアは？

（その3）答えが自由

・人生で一番痛かった経験　・一番好きなドラえもんの秘密道具
・回転寿司で最初に食べるネタ　・許されるなら学校に持ち込みたいもの

生徒同士の関係性がまだ薄い年度初めは、二者択一が取り組みやすいです。誰とでもおしゃべりできるようになってきたら、答えの自由度も上げていきます。1分ちょっとのおしゃべりですが、毎日行うことで級友の存在が「田中さん」から「目玉焼きにケチャップをかける田中さん」に変質します。この細いつながりを学級中に張り巡らせていきます。

チャットタイムは生徒同士の細いつながりを張り巡らせることを目的とした活動ですから、どんどんペアを変えていきます。初めは機械的に隣同士、前後、生活班の中の人とおしゃべりさせます。次の段階は縦の列全部を入れ替えてペアを変えたり、右隣の人だけが1つずつ席をずれたりしてペアを変えていき、おしゃべりの相手を変えていきます。

最もレベルの高いペアづくりはランダムにペアになることです。学級も軌道に乗ってくる2学期あたりにこんな指示をします。

「今日1日この人としゃべってないなぁって人、いるよね。その人とペアになろう」

「どうもまだ関係が薄い人に話しかけて。『ねぇ、私たち薄いよね』はい、どうぞ」

「男の子たち、起立。女の子の隣が空いていますね。ペアをつくります。同じ小学校出身者とは禁止です。こう言って座るんですよ。『相席、よろしいですか?』はい、どうぞ」

こういうときの生徒の動き方が、その学級の人間関係図を露わにします。自分から動いて相手を見つける人。自分からはまったく動こうとしない人。困っている人を気遣って周囲を見渡す人。チャットタイムの終了後に生徒へフィードバックします。

「さっきのペアづくりのときに素敵な姿がありました。Ｄさんが自分から声をかけてペアになっていない人を誘っていました。相手に居場所を与える素敵なふるまいですね。Ｄさんに大きな拍手を」

かつて私の学級に大学院生Ｙさんが入り、チャットタイムの効果を検証しました。Ｙさんの論文から抜粋させていただいたチャットタイムの効果は次の通りです。

・回数を重ねるごとに対話数が増えている。自己開示する機会が増加している。
・話すのが苦手な生徒は初めは沈黙が多い。しかし話を聞く側のスキルが高まるとともに、話すことが苦手な生徒も応答ができるようになっている。
・人と関わることが苦手な生徒であっても、安心して自己開示できる環境があれば、継続することでソーシャル・スキルが高まったり自己開示が促進されたりするなど好ましい変容につながる。

「安心して自己開示できる環境」は心理的安全性とも親和性がありそうです。この集団で自分は話しても大丈夫。排除されることはない。そういう感覚は一朝一夕で育つものではありません。Ｙさんに大事なことは時間がかかるということを教えていただきました。

生徒の視点を増やす

終学活メニューの最後の方に「先生のお話」が設定されている学級が多いと思います。その日の生徒のよかったことや、朝学活で生徒に対して要求したことに対する評価などが語られるのではないでしょうか。

教師には見えにくい人間関係の機微が教室には存在するように、教師にしか見えない生徒の姿もたくさんあります。それを終学活で生徒に示すことで、生徒の集団や他者を見る視点を増やします。そのためにおすすめなのは、担任による日常的な定点観測です。

定点観測①　朝学活前

・教室の電気をつけるのは誰か
・時間前に朝読書の本を開くのは誰か
・最初に教室に入ってくるのは誰か
・他の人の席に勝手に座っているのは誰か

定点観測②　給食準備

・最初に手洗いから戻るのは誰か
・欠席者の仕事を代行するのは誰か

・配膳中に床にこぼした食材をきちんと片づけるのは誰か

定点観測③　昼休み

・教室で読書をするのは誰か　・部活動の昼練習をしているのは誰か

・一緒に遊ぶメンバーは固定化されていないか　・遊びに誘うのは誰か

定点観測④　終学活後

・欠席者の配付物を整理するのは誰か　・軽清掃に最初に取り組むのは誰か

・机と椅子を整頓して帰らないのは誰か　・部活動に足が向かないのは誰か

毎日同じ時間に同じ場所で生徒を眺めていると、小さな変化にも気づきやすくなります。終学活では、周囲のためになろうとする行動についてその価値を認め、生徒の「他者を見る視点」を増やしていきます。

【参考文献】

・山崎裕美子（２０２０）「中学校の新学期開始時期における人間関係の形成に関する事例研究―短学活を活用したソーシャル・スキルの視点を取り入れた会話活動を通して―」（上越教育大学教職大学院　赤坂研究室　研究論集　第９巻）

❹5月のお題①「学級目標を決めよう」

学級目標を決める過程を記した学級便りを紹介します。生徒の話し合いを価値づけながら、少しずつクラス会議の考え方を生徒と共有していきます。年度初めの実践上の工夫を３つ紹介します。

❺5月のお題②「教育実習生のお悩み解決」

クラス会議は学級全体の課題を話し合うだけではありません。ときには学級の誰か１人のお悩みをみんなで解決しようとする会議もあります。そのスタートで教育実習生の力を借ります。誰か１人の課題をみんなで話し合える学級って、素敵だと思いませんか。

❻クラス会議の勘所

中学校でクラス会議を実践するうえでの５つのポイントを示します。話し合いは放置しておいては上手になりません。放置しておけば下手をすると弱肉強食の論理で進んでしまうこともあります。生徒たちの話し合いの態度を育てるために大切なことをお知らせします。

7
「クラス会議」のシステム

システムづくりのポイント

❶クラス会議を導入する

生徒が活発に話し合って、自分たちで自分たちの生活改善をしていく。そんな学級にしたいと願う方は多いのではないでしょうか。でも具体的にどうしたらいいのかが難しいところです。その解決策の１つがクラス会議です。

❷クラス会議の基本形

クラス会議の隊形、板書、ルール、時間についてその基本となる形を紹介します。クラス会議は小学校での実践が多いですが、中学校でも実践可能です。義務教育終了段階の彼らだからこそ、必要だとも言えます。

❸４月のお題「クラス会議の名前を決めよう」

最初の議題はクラス会議の命名からです。自分たちがどんな学級になっていきたいのかをそのネーミングに込めます。教師が話し合いに介入するポイントも紹介します。

クラス会議を導入する

今の学校教育の問題を、学校改革で有名な工藤勇一氏は次のように指摘します。

・自律させない（依存をつくる・従順さを求める）
・違いを認めない（同質性をもとめる・マイノリティを切り捨てる）
・対話の機会を与えない（意見を言わせない）
・対立を理性ではなく「思いやり」「愛」といった「心の教育」で解決しようとする

物言わぬ従順な人を管理するのは簡単です。学級という小さな社会の中には、統率者の意味合いをもつ担任教師がいます。担任の言うことにすべて従っていれば怒られることもありませんし、失敗も最小限で済むでしょう。しかし、そこに未来をつくる大人の素地は育ちません。工藤氏は学校のみならず社会全体の「当事者意識の欠如」が日本全体の課題だと指摘しています。

学級は担任だけの所有物ではありません。それは成員である生徒と一緒につくるものです。そのためには生徒を学級づくりの当事者にする必要があります。生徒に当事者意識を持たせることが、クラス会議の根幹となる考え方です。クラス会議を研究する赤坂真二氏はクラス会議をこう定義しています。

「自分たちの生活上の諸問題を解決する話し合いを繰り返すことを通して、協働を実現するためのスキル、態度、価値を学び、子どもたちに協働的問題解決能力を身につけさせるプログラム」

生徒が自分たちの課題に気づき、それについて対等に話し合い、解決のための最善解をつくり出す。そんな姿が学級にあれば、生徒は「先生、これどうすればいいですか？」「先生、こんなことに困っているですけど」と言うことは少なくなります。もちろん、いじめ被害などの命にかかわることは教師が責任をもって対応しますが、生活上の小さなトラブルや軋轢は自分たちで解決していこうとする集団になります。

クラス会議の導入については赤坂氏の多くの書籍があります。今回は私が中学校で行ってきた年度初めのクラス会議の導入について述べていきます。生徒がセルフサービスで生活改善を行う土台づくりです。

クラス会議の基本形

隊形づくり

話し合うテーマを決めたら椅子だけを持ち寄って輪をつくります。全員が全員と同じ距離にあり、互いの顔が見えるようにします。これがこの場では全員が「対等」であるというメッセージになります。

写真の中に空いている椅子があります。その日学校を欠席した生徒の椅子です。クラス会議の目的について、生徒を学級づくりの当事者にすることにあると述べました。学校に来られない生徒も学級の一員であり、同じ学級づくりの当事者であることを生徒に理解させます。この場にいない生徒も話し合いに参加する意味を、生徒に共通理解させます。

司会

司会者を1～2名決めます。年度初めは学級委員や級長などに依頼することが多いですが、次第に立候補制にしていきます。小学校の実践では全員に経験させるという主張も目にしますが、中学生の話し合いでは論点整理ができる人の方が司会に向いていると感じるので、私は無理に全員に司会役を求めていません。やりたい人がやる方式です。

黒板書記

黒板書記は2名です。1名だと書き終わるのを待つ時間ができ、話し合いが止まってしまうことがあります。当番のように書記を回してもよいですが、私の場合は「今回のクラス会議で書記をしてくれる人いますか？」と立候補制にしています。2人の息の合った連係プレーも板書には求められるからです。

Happy, Thank you, Nice

クラス会議の始めに場を温め、誰もが話しやすい雰囲気をつくるための活動です。議題について話し合う前に、学級生活の中でうれしいと感じたこと、誰かに「ありがとう」と伝えたいこと、見ていて素敵だなと感じたことを言葉にしていきます。下の掲示を黒板に貼って1分程度考える時間をとります。その後輪番で全員が話します。

輪番発言ではパスしてもよいことにします。クラス会議を始めたばかりの頃は照れ隠しでパスをする生徒もいますが、次第に全員が話をするようになります。温かな雰囲気の中で議題の話し合いに入っていきます。

Happy
「うれしいなぁと思ったこと」
Thank you
「ありがとうと言いたいこと」
Nice
「いいなぁと思ったこと」

時間

1校時50分の中で1つの議題について話し合い、自分たちなりの最善解を出させます。

小学校は学級担任制ですから、割と時間の融通が利くことが多いです。「さっきのクラス会議で結論が出なかったから、〇〇の授業の最後５分を続きに当てましょう」という風に担任裁量で続きを生み出すこともできます。しかし、中学校は教科担任制なのでそれは不可能です。話し合いを50分で結論までもっていく必要があります。そうしないと生徒は「話し合ったけど何も決まらなかった。自分たちで何も変えられなかった」と感じるかもしれません。それは話し合いに対して消極的な生徒にしてしまうだけでなく、話し合いを意味のないものと理解させ、生活改善に対する無力感を学ばせることにもつながりかねません。話し合って生活改善につながった経験は、生徒の自信を育てます。そのために、50分で自分たちの最善解に到達させる必要があります。

クラス会議のルール

先ほど「輪番発言ではパスしてもよい」というルールを示しました。その他に３つのルールを提示します。会議中は黒板の隅に貼っておきます。

①どんな内容の発言もまずは受容します。誰かの発言に対して「それはおかしいだろ」と反応していては、自分の言いたいことを言える会議にならないからです。

②議題に対する最善解を導き出したら実践します。議題は生活上の問題や、学校行事で

の学級の取組についてなどが多いです。決めたらやってみます。やってみた結果を次のクラス会議の冒頭で振り返ります。決めたらやってみる。やってみたら振り返る。それでもうまくいかなければ、また話し合って解決策をつくることを教えます。

③が一番大切です。学級には一定のヒエラルキーが存在します。勉強が得意なAさん、運動がすごくできるBさん、誰とでもすぐ友達になれるCさんなど、生徒たちは集団の中でお互いを位置づけ合っています。スクールカーストなる言葉もあります。また、SNSで生まれる言葉が生徒の中で一般化するのも早く、「陰キャ（陰気キャラクター）」や「陽キャ（陽気キャラクター）」などの言葉も学級で耳にすることが増えました。

①どんな意見もまず「いいね」

② みんなで 決めて、
みんなで やって、
みんなで 振り返る

③対等に話し合い、
適切に折り合う

クラス会議の場ではそれらは一旦リセットさせます。そうしないと声の大きな人の意見が通ったり、立場の強い人の意見が通りやすくなったりするからです。みんなで輪になって座って話し合うのは、全員がクラス会議の場では対等な存在であることの証明です。

板書

黒板の書き方を書記に指示します。下の写真は転入生を受け入れる前に行ったクラス会議の板書です。文字が独特で読みにくいのはご了承ください。

①第〇回クラス会議を明記する。
②議題を①の隣に書く。
③黒板中段に生徒から出た意見を書く。
④意見に対する肯定的な「賛成意見」を、黒板上段に書き、否定的な「心配意見」を下段に書く。

これらを板書の基本形にしておくと、書記役が変わっても毎回同じように書くことができます。

話し合いの中で輪番発言を行い、各自が3種類の発言をします。新しい意見、既出の意見に対する賛成意見、心配な意見のいずれかです。書記はそれらを適切な場所に2人でどんどん書き込んでいきます。

4月のお題「クラス会議の名前を決めよう」

クラス会議導入はクラス会議の命名です。学級の第1回クラス会議をここから始めます。自分たちがクラス会議を通してどんな学級になりたいのか。それをネーミングに込めます。ある年度の学級便りに掲載した議事録で詳細をご紹介します。

全力解決2436

初めての2年4組でのクラス会議。クラス会議の名前を決めました。

Kさん「36を入れたい。みんなでやるから」Eさん「令和は？　新しいスタートって感じ」Iさん「解決を入れたい。クラス会議を通して解決力をつける」Mさん「36に賛成。1人もかけずにクラス会議をしているとわかるから」Kさん「会議とかミーティングって言葉がいる」Tさん「令和を入れることが心配。まだ平成だし」Hさん「令和もいいけどクラス会議とは関係ないかも」

順番に話して「全力解決2436」という名前に決まりました。賛成意見が先行しながらも、意見を吟味して候補を絞っていく姿に感動しました。

最後の採決。ほとんどの人が「全力解決2436」に挙手。そんな中、Uさんはただ１人、違う意見に手を挙げました。こういう姿が大事だと思います。このクラスの中で、全員が「私はこう思う」と言えるのが素敵。それを否定しないみんなが素敵。

先日の学年朝会。前期級長会長にもなった、うちの級長さんのFさんがあいさつでこう言いました。「自分たちのことを、自分たちで解決していける集団になりたい」と。

世の中には正解のないことが山ほどあります。今、日本が迎えている世界的に前例のない超少子高齢化はまさにそれ。正解はどこにも書いてありません。つくっていくしかないのです。正解のないものに対して私たちが出せる答えは「最善解」です。限られた時間の中で、そこにいるメンバーで、互いの主張に折り合いをつけながら、生活を改善していくための答え。それが「最善解」。「最善解」を出すには何が必要でしょうか。
・参加者が対等に話せているか　・課題が明確になっているか
・人を傷つける発言がないか　・決まったことを全員で取り組む約束があるか
もっともっとできると思っています。あなたたちなら。応援しています。

話し合うことは目的ではなく手段です。その意味を生徒たちと共有します。話し合いの意味を価値づけし、彼らが今後、セルフサービスで話し合いに向かう集団に育てます。

ある年の4月。2年の学級で「クラス会議の名前決め」をすると聞き、参観しました。たくさんの案が出た中で生徒たちは「MHミーティング」を採択。担任M先生と副担任H先生の頭文字をとった名前でした。それを受けて、M先生は生徒に言いました。

「僕とH先生をみんなの仲間に入れてくれるのはうれしいけど、みんなが『こういうクラスにしたい』という思いが伝わるような名前にするのはどうですか?」

生徒たちの顔つきが変わりました。「先生は私たちのことを信頼して、私たちの意見を尊重してくれている」そんな風に感じられる顔でした。その後、生徒たちから出る意見は、「雑草会議」「スター会議」「包容力超向上会議」など、言葉遊びではなく願いのこもったものになりました。生徒たちを誇らしそうに眺めるM先生。生徒たちの発言からは、「このクラスは私たちみんなのもの」「このクラスをつくるのは私たちだ」そんなオーラがビシビシ発せられていました。

クラス会議をしたことがある方なら「教師はクラス会議に介入してよいのか。するとしたらどこで介入するのか」と悩んだことがあるのではないでしょうか。生徒たちの意見を尊重することと、生徒たちの意見を丸呑みすることは異なります。学級活動は自治「的」活動を目指すもので、完全な自治ではありません。私がクラス会議で、話し合いを止めて介入するのは次の3つの場面です。

①罰で他者をコントロールしようとするとき　②人権を傷つける発言があったとき

③話し合いの論点がずれたとき

①は「○○しなかったら自主学習の宿題を倍にする」などの案が出た場合です。受容的な雰囲気の中で協働的な問題解決を目指す話し合いの結論が、罰則を用いた解決でいいはずがありません。淡々と「みなさんは罰で動かされたいですか」と問います。

②は話し合いの中で「だってあいつはいつもそう。むかつくわ」など、場にふさわしくない発言があったときです。私は「この場では全員が対等です。誰かを傷つける発言はなしにしよう。どんな意見もまず『いいね』だったでしょ」とルールを確認します。

③は先ほど紹介したM先生の指導です。話し合いの論点がずれ始めたときは、司会が軌道修正する必要があります。1年生にはなかなか難しいですが、2、3年生になると自分たちで論点整理できる生徒が出てきます。初めの頃は教師が介入して論点整理しますが、生徒たちでできるようになってきたら教師は論点整理から手を引きます。

5月のお題① 「学級目標を決めよう」

第2回目のクラス会議は学級目標決めです。2年学級便りから議事録を紹介します。

土曜日授業参観。保護者のみなさんが見ている前で、学級目標を決めました。

短い昼休みのうちから輪をつくって座り、互いにこの3週間を振り返って「うれしかったこと」「ありがとうと言いたいこと」「いいなぁと思ったこと」を発表して温かい雰囲気づくりをしました。

係活動でのフォローに対する感謝、係を忘れたときに声をかけてもらえたこと、あいさつしてくれること、休み時間に声をかけてくれたこと、授業での教え合いに対する感謝など、個人に対するメッセージや学級全体に対するメッセージが交換されました。

「あー、そこは見えてなかったなぁ」と反省しきりの時間でした。

担任とはいえ、中学校は四六時中一緒にいるわけではありません。彼らにしか見えてしないものがたくさんありました。思いは見えません。言葉にしなくては伝わらないことがたくさんあります。「ありがとう」は、やっぱり言葉にしなくちゃもったいないです。心がほんわかしました。

・キーワードを並べる

個人の願いを班長さんたちが分類しました。それを基にキーワードを挙げます。

「仲間という意見が多かったし、仲間」「個性。互いの個性を大切にするクラスに」「平等。クラス会議の名前を決めるときも出た」「アイデア。いろいろな考えを出すのは大事」「団結。チーム一丸って感じ」「笑顔。笑顔があるクラスがいい」

この後、全員が賛成や心配、新しい意見を話しました。「笑顔」「個性」「元気」に対する賛成意見が続きました。そんな中でも自分の意見を話す人が多数。

「『仲間』っていう言葉に賛成」「『アイデア』に賛成」「『団結』に賛成」

「『協力』に賛成」「『平等』に心配意見。なんか堅苦しくなる」

「自分で出しておいてなんですが、『アイデア』はもうできているので要らない」

同調圧力という言葉があります。人はムードに支配されやすい生き物です。自分だけ違う意見を話すのって、結構勇気がいるものです。でも「私はこう思う」と言えるのが、皆さんのよさの1つですね。

・学級目標候補を生み出す

司会のSさんは学級目標の候補づくりを促しました。

「では学級目標の候補をつくりますが、今のキーワードの他に今までにない言葉を入れてもOKです」

比べて、しぼって、生み出して。この辺の思考を同時展開するのは小学生には難しいそうです。中学生らしい、型にはまりすぎない流動性のある話し合いが進みます。

Uさん　団結と協力と仲間って似てる。まとめては?

Tさん　あいうえお作文みたいなのも面白い。

一同　お～!　(一同拍手)

あいうえお作文に流れが傾きました。黒板がカツカツなり始めました。あいうえお作文に備えて、サウスポー書記のTさんとSさんがフリガナ書きを開始。議論の流れを読み、次の展開を予想した仕事。いい仕事しますね〜。

Kさん　個性豊かでアイデアボンバー笑顔もボンバー。
Tさん　おかだ。おとこもおんなも、関係なく、団結するクラス。
Mさん　みんなで協力笑顔があふれるクラス。
Tさん　笑顔ピカピカ。笑顔があふれたら素敵なクラスになる。
Kさん　『おかだ』に心配。先生は自分の名前で作文とかされたら嫌じゃないですか？
一同　や、やさしぃー。
Iさん　ボンバーが心配。ボンバーって何かなぁ。
Uさん　えーと、笑顔、どんなときでも、尋常じゃないくらい、団結していく。
Uさん　みんな平等　個性あふれるクラス。
Kさん　Tさんのピカピカが素敵。笑顔ピカピカを入れて候補を変えたい。

司会は採決を取りました。過半数を得たのは、「個性豊かでアイデアボンバー　笑顔ピカピカ２の４」でした。楽しくも意義深い時間でした。50分で結論を出したこと。全員が

2回以上発言したこと。単なるスローガンにはせず、学級目標に願いを込めたこと。「個性」は各自の強みです。それを互いに尊重していく。その強みと強みをかけ合わせたり、つないだりして生活上の課題解決に「アイデア」を出していく集団。そんな願いが学級目標になりました。「笑顔」の質が大切になるでしょう。会議の冒頭、キーワードを絞っていた段階でFさんが言ったことがとても重要です。

「ふざけだけの笑顔もある。1年かけて最終的に本当の笑顔になれたらいい」

笑顔の質。そこが時とともにバージョンアップされていくといいですね。

このクラスは1年でも学年の全学級でクラス会議をしてきたので、4月初めとはいえ、生徒に任せてもおいても話し合いがスムーズに進みました。

ただ、クラス会議に初めて取り組む場合は少し工夫が必要です。以下、3つの工夫を紹介いたします。

1つ目の工夫はいきなり生徒に司会や書記を担当させないことです。本節の始めに述べた「クラス会議の基本形」に慣れるまでは、教師が司会と書記を務めます。教える段階なので、板書の構造や活動の価値を教えながら進めるとよいでしょう。

２つ目の工夫は「発言のパスを認める」ことです。輪になった状態で、自分１人が話すのは緊張するものです。輪番発言でみんなが話せたらよいですが、どうしても話せない人もいます。そのときはパスすることも認めます。「パスします」と発言することも勇気ある行動であることを、受け入れてほしいと話します。パスした人には、最後にもう一度発言を求めてもよいです。無理強いはせず、話せるようなら話してもらいます。

３つ目の工夫は「誰に向けて発言するか」です。初めてクラス会議をすると、発言する生徒が教師の方を向いて話すことがあります。そういう場面があったら「私に伝えるんじゃなくてみんなに伝えて。クラス会議の決定権は私ではなくみなさんがもっているのだから」と伝え、クラス会議という活動の意味を教えます。

焦らずじっくりと生徒たちが「クラス会議って、なんだかおもしろい」と感じられる時間をつくっていきます。

5月のお題②「教育実習生のお悩み解決」

第1回、第2回クラス会議の議事録をお読みいただきました。どちらも議題は「学級みんなの課題」でした。クラス会議にはもう1つの形があります。それが「個人の課題」をみんなで解決するクラス会議です。個人のお悩み相談会のようなイメージです。解決策はみんなで決めるのではなく、悩み相談をした人が最終的に選び取ります。

学級全体に自分の悩みを持ちかけるのは勇気のいることです。年度初めの学級の状態だと難しいことが予想されます。個人の悩み相談を大人から始めます。私が勤務する新潟県では5月中旬から教育実習が始まります。教育実習生のみなさんの力をお借りして、「個人のお悩み解決」型クラス会議のフレームをつくります。

ある年の私の学級に入った実習生さんは「ストレス解消法のアイデアがほしい」とお悩み相談をしてくれました。

このときのクラス会議は、輪番発言をせずに個人が付箋に解決策を書いてまとめるところから始めました。それらをまとめて解決策をいくつか提示し、それぞれの解決策のよさと心配な点を吟味しました。

クラス会議は輪になって行うパターンが多く見られますが、いつも輪になって行う必要はありません。時間がないときや少人数で話し合いをもちたいときは、付箋を使った個人のアイデア出しの時間をとったり、4人程度の小グループで話し合ったりしてもよいです。

ただし、吟味はみんなで行います。学級の生徒全員を学級づくりの当事者にするためには、全員が同じステージに立っている状態をつくることが大切だからです。

この年の実習生さんは生徒との関係づくりが上手な方だったので、とても活発な会議になりました。解決策の提案の数はもちろん、3回のクラス会議で一番多くの「心配意見」が出ました。

「この解決策をやったら、実習生の先生が困ってしまうのでは…」という気持ちの表れ

です。他者への温かな共感。これがなければ個人のお悩み解決のための話し合いは機能しないかもしれません。教育実習生さんには着任当日にお悩み相談をさせてほしいとお願いをして、生徒に公表してもよいお悩みを用意してもらいます。そして、その相談会が機能するためには、生徒との関係づくりが大切であることをレクチャーします。実習生さんには1週間と少しの時間で、がっちりと生徒に関わってもらいます。

ある年、私の学級から他県へ転出する生徒がいました。転校する生徒を心配して、生徒から声が上がりました。

「転校するAさんが新しい学校でうまくやっていけるように、クラス会議で話し合いたい」

優しい人たちでした。転校を経験したことがない生徒がほとんどでした。転校がどれだけ不安なことかをみんなが心配して行われたクラス会議。話し合

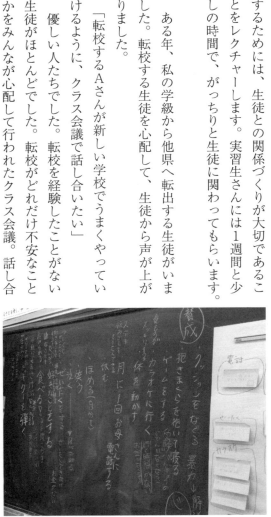

いをもつ動機としてはこれほど素敵なことはない。そんなフィードバックをしたように記憶しています。

　このときのクラス会議は班で意見を拡散し、その中からAさんに解決策を選んでもらう形式にしました。このクラスにはたまたま転校のスペシャリストがいました。保護者の仕事の関係でこれまで5回転校したというBさんです。Bさんの経験なども基にしながら、Aさんの新しいスタートについて、たくさんの提案がなされました。

　Aさんはみんなの意見を一つひとつ読むことで、新しい学校で取り組む決意ができました。彼女の感謝の言葉はみんなに自信を与えてくれました。

クラス会議の勘所

年度初めのクラス会議の始め方について述べてきました。クラス会議を、年間を通じて継続的に実践していくうえでのポイントを5つお示しします。

1つ目のポイントです。クラス会議において賛成意見の逆は、反対意見ではなく「心配意見」とします。反対は否定を伴います。人を否定することはかなりの勇気が必要です。でも相手のことを心配して意見することなら、多くの人がしやすいと感じます。相手を思いやっての行動だからです。心配意見が増えてくると、話し合いに厚みが出てきます。

2つ目です。50分で議題に対する最善解までもっていくには、最終的には多数決が用いられることが多いです。しかし、安易な多数決は少数派意見の切り捨てになるリスクがあります。ですから話し合いを進める中で、生徒の納得を得なくてはなりません。時間を見ながら教師が話し合いに介入し「この後多数決をとりますが、どちらの案になっても納得できますか」と確認をとります。この段階を経ない多数決を繰り返すと、次第に少数派が「どうせそっちの案になるんでしょ」と感じ、意見の出にくいクラス会議になります。安易な多数決は少数派を切り捨てる集団を育ててしまう。クラス会議をするうえで絶対に外してはならない考え方です。

３つ目です。先の「クラス会議の名前を決めよう」で紹介したＵさんのように、最後の１人になっても「私はこう思います」と言える生徒を大切にします。人は雰囲気に流される生き物です。話し合いの雰囲気を感じて、自分の意見を曲げて周囲に同調してしまうこともあります。職員会議の中でもそういう瞬間を感じたことがあるのではないでしょうか。クラス会議の議論の中で「でも、それってちょっと違うんじゃない？」「私はそうは思いません」と発言する勇気と、周囲に流されない意見表出の価値を評価します。

４つ目です。担任の裁量で使える学級活動の時間を確保して、定期的にクラス会議を行います。そうしないと生徒はクラス会議をイベントと捉えてしまうからです。生活改善のために行う話し合いは日常的にやらないともったいないです。学年部会等で提案して担任裁量の時間を確保した方がよいでしょう。

最後に5つ目です。中央教育審議会で委員を務めた白松賢氏の主張に「学級経営の三領域」があります。白松氏は学級経営には3つの領域があり、各領域の指導量が時期により変動すると主張します。三領域とは「〈学級にあたたかさを創る〉必然的領域」、「〈できることを増やす〉計画的領域」、「〈ともに学級を創る〉偶発的領域」です。クラス会議は偶発的領域との関連が強いと考えられます。

偶発的領域は、4月はその範囲が少なく、年度末の3月に向かって次第に拡充していくというのが白松氏の主張です。自分たちの課題に気づき、その解決や改善のためにみんなで話し合い、自分たちの出せる最善解をつくり出し、みんなで取り組んでみる。クラス会議を定期的にやっていくことで、学級経営における偶発的領域は確実に育ってい

「学校・学級づくりの三領域」

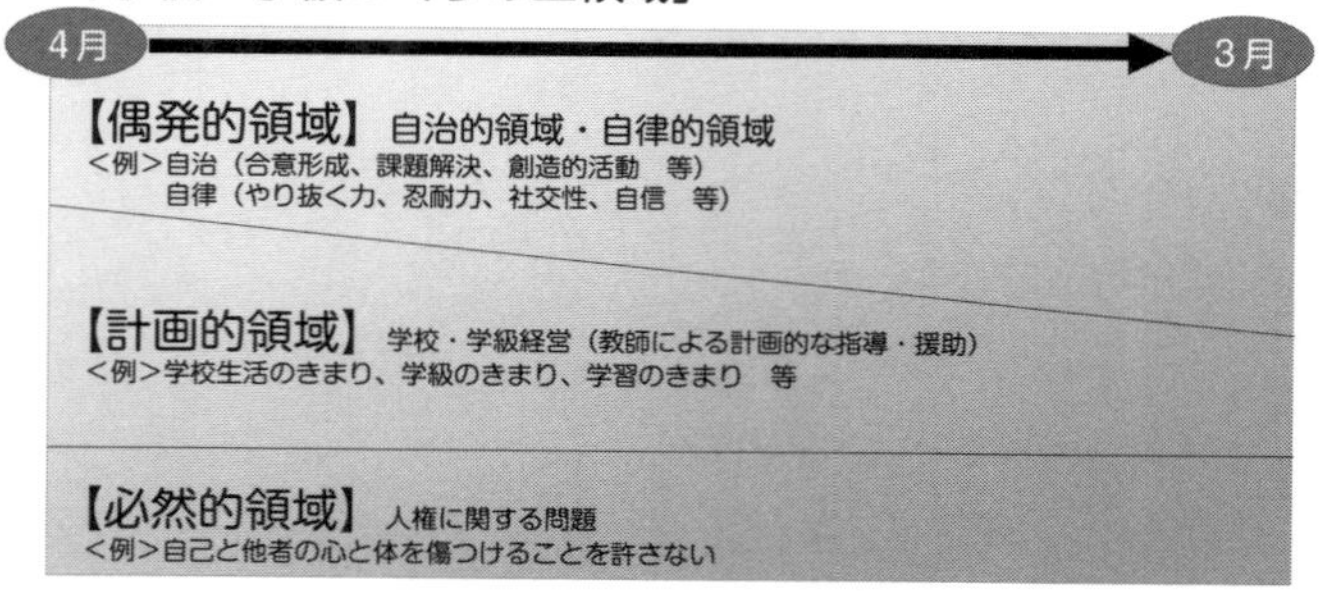

白松賢『学級経営の教科書』（東洋館出版社，2017）を基に筆者が加筆・修正

きます。

クラス会議をしていると「まさかこの子たちがこんなことを言うなんて。こんなことができるなんて！」と驚かされることがたくさんあります。教師の想定を超えていく生徒たちの姿に、私は何度も感動しました。クラス会議を通して、生徒たちは自分たちで生活改善できる自信を手に入れます。また、自分たちの話し合う姿と、その結果としての最善解を尊重してくれる担任を信頼し始めます。話し合いを単なる手段ではなく、「私たちの文化」として共有し始めます。そして、生徒がセルフサービスでどんどん成長していくためのシステムとしてのクラス会議が起動していきます。

学級づくりとは、世論の醸成と共通文化の形成に他なりません。その一助となるのがクラス会議なのです。

【引用文献】

・工藤勇一・苫野一徳（２０２２）『子どもたちに民主主義を教えよう　対立から合意を導く力を育む』（あさま社）p.19, p.72
・赤坂真二（２０１８）『資質・能力を育てる問題解決型学級経営』（明治図書）p.189
・白松賢（２０１７）『学級経営の教科書』（東洋館出版社）p.21

❸リーダーを育てる

ここ数年、小学校からの生徒情報の申し送りでリーダー役として推される生徒が少なくなってきたと感じます。小学校ではリーダー指導が難しくなっているのでしょうか。中学校には、生徒会の役職などがあるので、その役についてリーダー性を伸ばす生徒がいます。

本来は学校教育の段階ではなるべくたくさんの人がリーダーを経験した方がよいですが、そもそもリーダー役を回避しようとする生徒も次第に増えてきました。中学校におけるリーダー育成のコツを３つ紹介します。

8
「班長会」のシステム

システムづくりのポイント

❶教師に見えないことがあると心得る

担任とはいえ中学校の教員は小学校とは異なり、１日中教室にいることはできません。他の学級での授業があるからです。そんな担任教師の目には見えにくいものを、生徒たちは敏感に感じ取っていることが多いです。学級の班長たちで「級長会」を組織し、人間関係の変化などタイムリーな情報を集めるのが得策です。

❷席替えの権限を与える

学校生活において席替えに対する生徒の関心は高いです。小学校だと先生が席を決めることが多いと聞きますが、中学校は担任が見えていないことがあることを踏まえると、生徒のアイデアを活用した方がよいと考えます。アンケートを実施し、班長会で席替えを決める手順をご紹介します。

教師に見えないことがあると心得る

生徒をよく見る。どの職員室においても、管理職から言われる指導言ではないでしょうか。それでも教師に見えているのは現象だけかもしれません。

「Aさんは最近勉強頑張っているな。点数が伸びてきた」

「Bさんは最近Cさんじゃなくて、Dさんと行動しているな。何かあったかな」

「Eさんの表情がちょっと暗い気がするな。お家で何かあっただろうか」

生徒個々の変化を見た目で捉えたら、話を聞くことはできます。しかし、それを40人の学級で全員と毎日繰り返すことは不可能です。せめて生活ノート等のやりとりでサポートすることくらいしかできません。そもそも、中学校の担任は自分の学級での授業がない日は、朝学活と給食と終学活にしか教室に行かないこともあります。担任といえども見えないことは多いと自覚するべきです。

そこで生徒の力を借ります。生徒たちは基本的に、1日中同じ空間で過ごしています。生徒同士の関係性やトラブルの予兆など、生徒個々の機微を敏感に感じ取っていることが多いです。

係活動を担う生活班（6人程度）から班長を選出し、その班長で班長会を組織します。昼休みや、学級で優先的に時間を使ってよい放課後などに、班長会を実施します。班長会で話題にすることは次の内容です。

①最近の学級内の気になること
②クラス会議の議題にした方がよいこと
③席替えをどうするか

①は学級のトラブルや、最近うまくいっていない人間関係などについて情報をもらいます。②は授業の様子や生活上の諸問題など、みんなで話し合った方がよいことについて意見を集めます。③は生徒にとって関心の高い席替えをどのようにするかを話し合います。
班長会は学級の幹部会議として位置づけ、級長、副級長もそこに参加させます。男女を半分ずつ集めて双方の意見が通るようにします。

席替えの権限を与える

先に班長会の議題の１つに席替えがあると述べました。席替えはこのようにします。

①アンケートを全員にとる（前側の席の希望、同じ班になりたい人の希望調査）。
②前の席を希望する生徒が誰かを把握する。
③同じ班になりたい人を最低6名書かせる。または「お任せします」と書かせる。1人しか書かないのはNG。書いた人の誰か1人は一緒の班になるようにすることを伝える。
④班長会を実施し②③を考慮した席替え案をつくらせる。
⑤特別支援学級所属生徒の座席への配慮を確認する。
⑥最終確認を担任が行い、翌日の朝学活で席替え案を提示する。
⑦苦情や心配事があれば班長ではなく、担任に午前中に申し出るように伝える。

最終責任は担任が負います。席替えの仕方がうまくいかなくて班長達が責められるのは絶対に避けなければなりません。「最後は担任である私が決めました」の一言が重要です。

③の同じ班になりたい人を書く人数ですが、学級の人数や男女バランスによって変わります。目安は男子女子それぞれの半数以下としています。

④の「②③を考慮した席替え案をつくらせる」の段階での班長達の対話が非常に参考になります。

「Kってさ、いつもSと一緒だったけど最近それが重いみたい。近くだと辛いかも」

「音楽のときTがよくないよね。先生の話を遮ったりするし。先生やりにくそう」

担任には見えにくい生徒個々の事情が飛び出してきます。担任の前では見せない顔がたくさん見えてきます。班長たちのワイワイと続く席替え談義に、じっと耳を傾けながらメモをしていきます。

⑤の特別支援学級所属生徒への配慮は、教室の出入りのしやすさと支援員や補助員の動きやすさに配慮します。特定の教科だけ交流学校に入ったり、給食だけ入ったりと個々にいろいろなパターンがあります。その生徒が学級に入るときに、困難を感じないように座席を配置します。

④の話し合いの中で、必ずもめる場面があります。

「AさんってBさんと同じ班がいいって書いてあるけど、Bさんは書いてないよ」

「この4人は希望が通っているけど、こっちは希望がかなっていない。どうしようか」

「前の方を希望する人がたくさんいて、座席が足りないんだけど」

「この座席だと今と場所があまり変わらない人がいるなぁ」

「あれ、この2人って前も隣じゃなかった。連続は嫌かな」

「ねぇ、この2人って最近別れたんだよね。この座席だと気まずくない?」

かなりプライベートな話題が多いので、班長会で出た情報をSNSでつぶやいたり他の人に流したりすることは厳禁とします。リーダーとしてその約束は必ず守るように指導します。

同じ班になりたい人を見て、全員の希望を叶えるのはかなり骨の折れる作業です。どうしてもうまくはまらないこともあります。そのときの対応は2つです。

1つは、希望が叶わないことを学級全体に話をして再度アンケートを取ります。その際、「同じ班になりたい人」を以前の人数よりも2人程度多くの人を書くように指示します。

もう1つは、班長が自分の要望を取り下げることです。

「Cさんの希望を叶えてあげていいよ。私はこっちの席でいいから」

こういう言葉が出てきたら、その生徒は班長会の中でも格上のリーダーであることの証明です。自己犠牲を賞賛するわけではありませんが、人々の要望の調整には誰かの我慢が必要になることもあります。それを選んでくれた生徒を今後少し優遇します。当然次の席替えのときには、その生徒の要望を最優先に叶えます。

逆に、中には利己的な班長もいます。「私の班には絶対Dさんを入れてよね。いいでしょ？」のように自分の都合のいいように人を動かそうとする人がときどきいます。そういう生徒にはガツンと言いたいところですが、淡々と利己的な態度に対抗します。

「Dさんはあなたの名前を書いているけど、他の人の名前も書いています。全体のバランスを見て決めましょうね。そのための班長会です」

翌朝の新座席の発表のときに「私はこっちの席でいいから」と言ってくれた生徒の話をします。班長の中にそういう周囲のことを最優先に考えて動いた生徒がいた事実を伝えます。そういう思いにふれることで、不思議と「新しい座席最悪～」などと不満を言う声は出にくくなります。役職だけのリーダーではなく集団のために動ける真のリーダーの存在に気づくことは、全体のフォロワーシップの育成につながります。

リーダーを育てる

班長に限らず、級長、委員長、生徒会長など学校にはリーダー役が多数存在します。集団が育つためにはリーダーの存在は非常に重要です。生徒たちがリーダーの姿を見てモデルを獲得し、模倣、一般化していくことで学校の雰囲気が変わっていくからです。

「生徒会長さん、みんなの前で堂々と話していてすごいなぁ」

「今の話すごくわかる。共感できるなぁ」

「先輩かっこいいな。来年はうちらの代が先輩たちの後を引き継がなくちゃ」

「あの子いつもちゃんとしていて素敵だな。私もマネしたい」

「あの人の周りへの配慮って本当にすごいな。尊敬するよ」

こんな声が出てくるような、リーダー育成のコツは次の3つです。

①人前で話すための事前指導を徹底する

リーダー役になると生徒の前で話す場面があります。全校朝会のステージに上がったり、昼の放送で全校にメッセージを発したりします。人前で話す前には徹底的に事前指導をします。何を話すかと同じくらい、どう話すかが重要です。昨今の生徒は動画を見慣れている影響もあり、言葉だけを聞いてメッセージを受け取ることが苦手な人が多いです。なるべくプレゼンテーションソフトを使って、話の要点を示しながら話させます。

また、伝え方も次の点に注意しながら話すように指導します。

・ゆっくりと話す　　　・一文を一気に読まずに意味のまとまりで区切る
・聴衆に目と手と歯を見せる　　　・聴衆の座席の四つ角を一文ごとに見る

同僚にスピーチ指導の大家であるK先生がいます。ご自身も部活動の大会等でアナウンス役を何度も経験されています。ある年の入学式で3年生の生徒会長が歓迎のあいさつをすることになっていました。新入生、保護者、来賓の前でのスピーチです。前日の指導で、K先生が生徒会長のスピーチ指導に要した時間は1時間半。普通なら原稿を事前にチェックして「お家でよく練習してね」で終わりそうなところを「どう話すか」を重点的に指導しました。当日のスピーチはすばらしく、多くの方に生徒会長は褒められていました。彼が人前で話す姿に、1年生が憧れをもったのは間違いありません。

学級でも、人前で話させる前には事前指導をして成功体験を積ませたいものです。

②リーダーとフォロワーは両方を経験させる

リーダーの役割が機能するために、フォロワーの存在が欠かせません。フォロワーがリーダーをリーダーとして認めなければ、集団は動きにくくなってしまいます。学校教育を長年研究する河村茂雄氏は、リーダー育成について教師サイドの問題を指摘し「教師が学級集団をまとめて教育活動をおこなうのに役に立つ児童生徒という、教師の『助教』のような存在と捉える考え方」から、「学級集団での活動や生活を通してすべての児童生徒にリーダー性、フォロワー性を育てるという考え方」への転換が必要だと述べています。中学校でいえば学校行事との関連も加味する必要がありそうです。

年度初めは学級目標などの決め事も多く、人前である程度話をしたり司会をしたりできる生徒がリーダーとして必要です。体育祭があれば声が大きく後輩の面倒をきちんと見られる生徒が求められます。音楽祭や合唱祭では音楽的なセンスもリーダーの要素となります。大事なことはリーダーが固定化せず、あるときのリーダーは別のときにはフォロワーとしてリーダーを支えるということです。その生徒のフォロワー性の育ちがその生徒に別の視点を与え、さらにリーダー性を伸ばすことが期待されます。

③リーダーシップを再定義する

リーダー役を嫌がる生徒が増えてきたと感じます。会社員で昇進を望まない若い人が増えているとも聞きます。昇進する＝責任が増える＝プライベートが搾取されるという考え方なのでしょうか。それと同じような現象が学校でも見えることがあります。リーダーをしてほしいと思い、個別に話をするとこんな反応が返ってきます。

「昼休みとかに集まりがあるのが嫌なので」「目立ちたくないので…」

リーダー役を回避しようとする心理はおそらく「リーダーってこういう人」という固定概念と、「自分にはそれは合わない」という自信のなさから生まれてくるものではないでしょうか。だったらリーダーシップの定義を変えてしまえばよいのです。私は生徒にリーダーシップをこう説明します。

リーダーシップとは他者に与えるよい影響のすべてである。

具体的な場面で生徒にリーダーシップを説明します。

朝読書の1分前に本を開いて黙々と読書を始める人。あなたはリーダーです。

朝学活の日直でチャイムより早く黒板前に立てる人。あなたはリーダーです。

1時間目の授業終わりにすぐに次の授業準備をする人。あなたはリーダーです。

理科室への移動で最初に理科室に入る人。あなたはリーダーです。

給食の配膳のために誰よりも早くエプロンを身につける人。あなたはリーダーです。

給食後に床に落ちていたストローのゴミを拾う人。あなたはリーダーです。

廊下の掲示物の端がはがれていてそれをさっと直す人。あなたはリーダーです。

学年集会で体育館に集まるときに自分の場所に最初に座る人。あなたはリーダーです。


リーダーシップとは他者に与えるよい影響のすべてだと定義づけ、終学活などで「今日はこんなリーダーを見つけたよ。Aさんの姿を見てきっと真似し始めた人もいるね。Aさんに拍手！」とリーダーシップを可視化していきます。そのような考え方が共有された教室では、きっと生徒はこんな風に感じてくれるのではないでしょうか。

「ん？　俺もリーダーなのかな」

「私の行動も誰かのためになっているの？」

「誰かのためになれるのって、なんだかうれしい気持ち」

ここで再定義したリーダーシップには役職はありません。それでも生徒は自分の行為が誰かのためになったと感じてくれるはずです。

誰かのためになれるという自信。これが自己有用感です。自己有用感を得た生徒は自分に自信をもちます。それがリーダー（班長や級長などの役職）への挑戦意欲につながることもあります。そしてこのタイプのリーダーはフォロワーを顎で使ったりすることは絶対にしません。対話を重ねながら全体を動かすリーダーシップを発揮するようになります。

先述した河村氏は、学級集団と育ちの度合いに応じて必要になるリーダー像も変化すると主張します。学級に必要なリーダーシップは、学級の育ちとともに変化するということです。年度初めは教師の指導を受けながら、人前で声を出すようなリーダーも必要ですが、役職のないリーダーシップは年度中間から後半にかけて重要になってきます。学級がある程度軌道に乗ってきた頃に、比較的おとなしい生徒をリーダーにする。そのための仕掛けがリーダーシップの再定義なのです。

【引用文献】

・河村茂雄（２０１４）『学級リーダー育成のゼロ段階』（図書文化社）p.9

❸お誕生日号で発行する

学級便りの発行頻度は先生によって異なると思います。私はずぼらな性格なので定期発行が苦手です。そのため生徒の誕生日に合わせて発行します。４月に担当する生徒が決まったら、全員の誕生日を手帳に書き込みます。そうやってさぼれないように自分に締め切りをつくります。３日間連続で誕生日などのときは、１号にまとめさせてもらうこともありますが、生徒が生まれた大切な日を学級のみんなでお祝いしたいと思っています。

登校したら「おはよう、おめでとう！」と言われて嫌な気持ちになる人はいません。その環境づくりに学級便りを活用します。

9
「学級便り」のシステム

システムづくりのポイント

❶「価値と期待」を生徒に伝える

　学級便りには何を書くべきでしょうか。学年便りが発行されている場合、次週の予定などはそちらに掲載されることもあるでしょう。担任だからこそ書けることがあります。生徒の素敵な言動をよく見て、それを価値付けます。さらに彼らの今後に期待を寄せる内容は、多くの保護者に喜ばれるはずです。

❷「学校での顔」を保護者に伝える

　生徒の家での顔と学校での顔はまったく別物と思った方がいいです。中にはまったく同じという生徒もいますが、思春期ど真ん中の彼らは、学校だからこそ、友人たちの中にいるからこそ見せる顔をもっています。それを観察して学級便りでお知らせするのはいかがでしょうか。

「価値と期待」を生徒に伝える

学級便りに何を書くか、何を掲載するか。先生の数だけ正解がありそうです。一般的に次週の週予定（行事、部活動の有無、下校時刻等）や、最近の学校での出来事とその活動写真などが掲載されることが多いのではないでしょうか。

学級便りをつくるときに心掛けるべきことがあります。それは「誰に向けて書いているのか」、「誰に何を感じてほしいのか」ということです。基本的には学級便りは保護者向けに書くものですが、私は生徒に向けても書いています。以下は七夕にちなんだ学級での様子を書いた学級便りの一節です。

7月7日。七夕飾りを模した紙に、各自が願いをしたためました。ある人の短冊にこう書かれていました。「悲しい思いをする人が少なくなりますように」

親密さの反対は嫌悪ではありません。親密さの反対は無関心。この人はきっと自分の周りや社会のことを言っているのではないか。私はそう受け取りつつ、短冊に「1億円あたりますように！」と書いた自分を殴りたくなりました…。誰かを想うことは誰かに居場所を与えること。また1つみなさんに教えられました。

生徒に向けて「あなたの行動にはこんな価値があるんだよ。私はあなたのこんな行動に期待しているよ」というメッセージを込めます。学級便りに書くことを前提にして、教室内外でのエピソードを毎日拾います。これを読んでくださった保護者は、生徒の姿と同時に担任の人となりを知ることになります。これらの価値と期待を発信し続けることが、保護者の担任に対する信頼につながります。保護者からの信頼の積み重ねが、生徒への指導を一層効果的にさせるのです。

人がよりよく生きるために大切なことや、率先して人のために動こうとする行動など、生徒が何気なくしている行動を価値付けます。そのうえで生徒たちみんなに「こういう大人になってほしい」「こういう社会をつくれたら素敵だね」という期待を込めます。価値を理解し期待を受け取った生徒は、自分なりの「素敵な大人像」を思い描き自分の行動を考えてくれるはずです。

「学校での顔」を保護者に伝える

思春期ど真ん中の中学生を相手にして仕事をする私たち。思春期の彼らが家庭と学校でまったく別の顔をしていることも結構多いです。自我の芽生えとともに、これまで全面的に受け入れてきた親という存在を別人格と認め、それを押し返そうとする時期だからです。三者面談などで保護者と並んで座ったときに、ものすごく不機嫌そうな顔になる生徒もいます。彼らは親の前では、学校で友達と笑っているときとは別人の表情を見せることもあります。

だからこそ、その子を一番愛している保護者には、学校での顔をたくさん知らせたい。私はそう考えて学級便りを書きます。ある野球少年が学級にいました。学級での彼はとても行動力があり、周囲に明るさを与える存在でした。あるとき、クラス会議の冒頭で行ったhappy, Thank you, Nice の輪番発言の中で彼はこう言いました。

「学級に貢献しているAさんにありがとうと言いたいです。Aさんは学校には来ていないけど、だからこそみんながここにいる人もいない人も大事にしようと思えるから」

あまりに素敵な発言だったので本人の了解を得て学級便りで紹介しました。人を大切に思える心。学校にいる、いないで人を分け隔てない人権意識。それらを称える内容にしました。後日、野球少年の保護者と面談をした際、学級便りの話になり、彼の母親は涙ながらに次のようにおっしゃいました。

「最近あの子、思春期みたいで…。家だと全然しゃべらないし、何を考えているのかわからないときが多いんです。昔は優しい子だったんです。今もその優しさが、ちゃんと変わらずにあの子の中にあるってことがわかってすごく安心しました」

お母さんの涙に救われた気がしました。がんばって学級便りを書いて、本当によかったと思いました。家では決して見せない我が子の顔。友人の中にいるからこそ発揮するよさや素直さ。たくさんの「愛する我が子」たちを教室で預かる立場として、しっかりと保護者に届けたいと思っています。

ときどき「○○がありました、学年で○○しました」という事実のみを伝える便りを目にします。実にもったいないと感じます。生徒たちの行動を価値づけ、期待を込めるだけでもっと素敵な便りになるはずです。働き方改革で便り類を止める学校もあると耳にします。私は文字を介して保護者のニーズに応え続けたいです。

お誕生日号で発行する

学級便りの発行頻度は、人によっていろいろでしょう。毎週○曜日発行や隔週発行などが考えられます。お誕生日に発行という手もあります。まめに発行するのが苦手な私はこの不定期発行をしてきました。担当する生徒によく話す言葉があります。それは、

時間と命だけは全員に平等である。

時間を守ろうとしない人に対して指導するときに伝えます。また、いじめなどの差別事案のときにも伝えます。体に障がいがある人も、生まれながらに特性をもっている人も、お金持ちもそうでない人も、どの国の人にとっても「時間と命は平等」です。だからその子が生まれた日を大切にしたいと思い、その日だけは誕生日の生徒を「えこひいき」します。学級便りの紙面の最後にその生徒の誕生日、その日の過去の出来事、同じ誕生日の有名人、誕生花とその花言葉を掲載します。

出来事はネットで検索をして、その生徒にちょっと気にかけてほしいものを選びます。例示したものだと「高校の物理の勉強でアインシュタインが出てきたら思い出してほしいなぁ」という感じで出来事を選別しています。

同じ誕生日の有名人は最近の人を掲載することもありますが、主に保護者が「へー、あの人と同じ誕生日なんだ」と思える世代の人を選んでいます。下の例だとスポーツ選手２人がそれにあたります。家庭で少し話題になればと願い情報提供をします。

誕生日のお祝いは何らかの形でした方がよいです。いろいろな家庭がある昨今ですから、誕生日の祝いの形もいろいろです。せめて学校で「生まれてきてくれてありがとう。出会ってくれてありがとう」と言われる１日にしたいのです。配付はその子の誕生日前日の終学活です。翌朝の「〇〇さん、おめでとう！」に期待して配付します。

〇〇　〇〇さん　6月30日生まれ

【出来事】

ハーフタイムデー、トランジスタの日、アインシュタイン記念日、みその日（毎月）
〇将軍家光、参勤交代制制定(1635)〇ロンドンのタワーブリッジ完成(1894)〇初の政党内閣隈板内閣成立(1898)〇アインシュタイン、相対性理論発表(1905)〇〇東京に夜間中学設置(1951)〇ビートルズ、日本初公演(1966)

【誕生】

スーザン・ヘイワード(女優 1919)　南伸坊(イラストライター1947)　マイク・タイソン(元プロボクサー1966)　小谷実可子(元アーティスティックスイミング選手 1966)

誕生花：すいかずら (Honey Suckle)　　　花言葉：愛の絆

卓球部のトップランカー。自分の誕生日に県大会出場を決められますように（祈）！
応援しているぞー。強力バックハンドで相手を撃破してこーい！！

❸成長の足跡を残す

クラス会議の議題や、特別の教科道徳の学習内容を掲示しておくと自分たちの成長の足跡になります。保護者面談などのときに廊下にそれらが掲示されていると、廊下で順番を待っていただいている間に、それらを読んでいただくこともできます。やってきたこと、話してきたことを掲示し、生徒の頑張りを目に見える形にします。

❹違いに「いいね」させる

学校はいつも誰かが周りにいる場所です。遊園地のようなところなら、列に並んでいて近くに人がいたとしても、そのときだけの関わりですから、どんな人が近くにいてもそれほど苦になりませんが、学校は違います。

学校は定常的な関わりを求められる場所です。それに疲れてしまう人もいます。その解決策の１つをお示しします。多様性という言葉は響きの素敵な言葉ですが、相手の受け取り方が未熟だとある種の攻撃性をも伴うこともあります。みんながそれぞれもつ凸凹を認め合い、補い合える人になってほしいと思っています。

10
「環境づくり」のシステム

システムづくりのポイント

❶生活しやすく配置する

「形式は機能に従う」という建築界の言葉があります。建物の形状やデザインは、それがどのような用途で使われるのかで規定されるという考え方だといいます。学級の掲示も生徒の過ごしやすさを軸にレイアウトを考えるのが得策です。

❷禁止ルールを廊下に貼る

危険を伴う行為や、学年の生徒全員にしてほしくない行為を一覧にしておきます。学年全体の禁止ルールです。これを年度始め、各学期始めに学年集会等で全体指導します。教室内に掲示するのではなく、廊下に掲示しておくことで指導は廊下で行えます。学年全体に安心と安全をつくる仕掛けです。

生活しやすく配置する

生徒がセルフサービスで動くためには、いろいろなことが「見える化」されていた方がよいです。黒板は誰がいつ消すのか。給食の配膳台は誰がどのタイミングで出すのか。清掃当番はいつ変わるのかなど、セルフサービスで動くためには、確認のために立ち返れる指標が必要です。

係活動当番表はひと目でわかる場所に掲示する

下のような係活動の掲示を貼る場合、担任と学級の生徒だけでなく、教科指導のために教室に入るすべての教師が、パッと見てわかる場所に掲示します。黒板を背にして、すぐ目に入る場所が望ましいです。誰が見てもわかるようにポスターの名前もマジックを使って大きな字で書かせます。授業の始まりに教科担任が「前

の授業の板書が残っているぞ。今日の黒板係は誰？」と言わなくてもいいようにしておきます。教室前方に掲示しておけば「〇〇さん、黒板を消してね」と指示が出しやすくなります。

清掃当番表は清掃用具入れに掲示する

清掃前には清掃用具入れの近くに人が集まります。そこに当番表が掲示されていれば、自然とこんなやりとりが生まれます。

「今週の廊下側のほうき担当って誰？」「私だよ」

「えっ、俺じゃなかった？　あ、黒板担当だ。ラッキー」

仕事の前の打ち合わせがセルフサービスで動き出します。欠席者がいた場合は担任がひと声かけて、仕事に穴が空かないようにします。そのために当番の仕事の中にある程度フリーで動ける仕事を割り振っておくのもおすすめです。

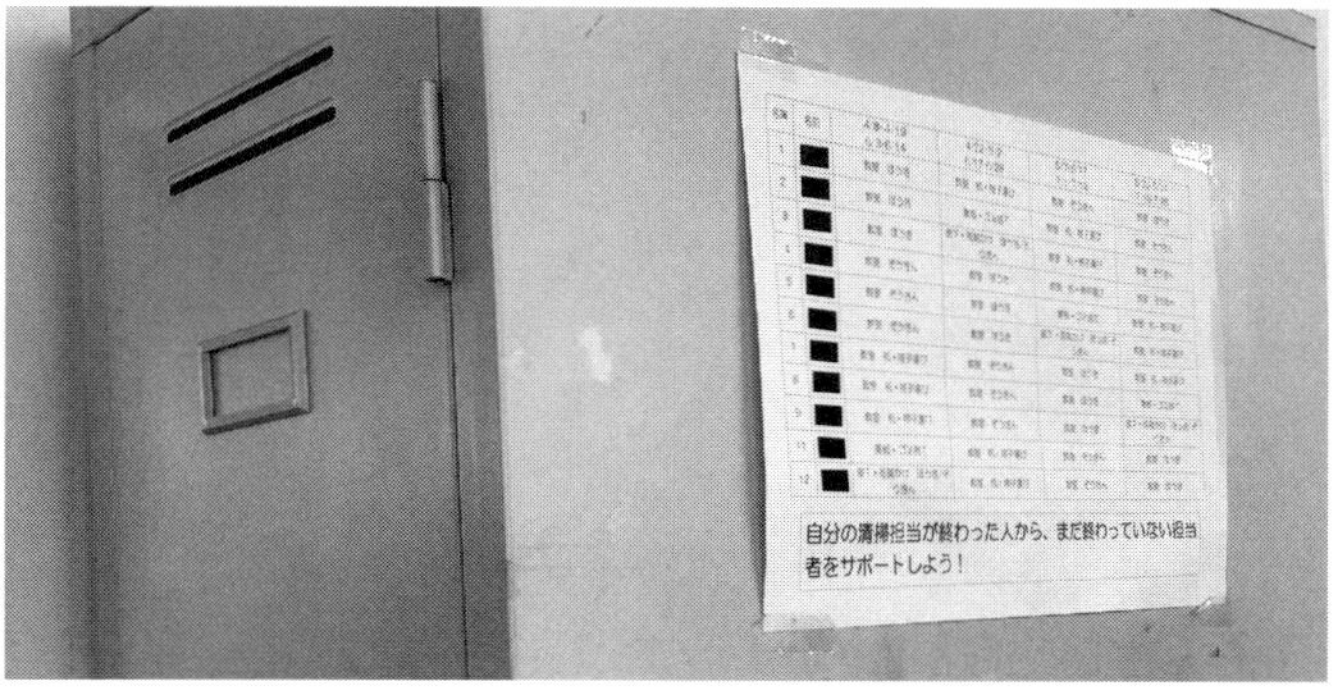

禁止ルールを廊下に貼る

学校でやってはいけないことを一覧にします。生徒指導事案は似たようなことが、人を変えて頻発することがあります。それを未然に防ぐためです。「これはダメ」という言動を年度初めに学年共通で指導し、それを掲示にします。

教室内ではなく廊下に掲示するのがポイントです。例えば、教室で鬼ごっこをしている生徒がいたとします。「こらっ、危ないから教室で走るな！」と声をかけるのが一般的です。注意を受けた生徒は一旦やめるかもしれませんが、また違う生徒がするかもしれません。また、人前で注意を受けることで、ものすごく心が傷つく生徒もいます。走っている生徒に「ストップ！」と声をかけ廊下に連れていきます。掲示の「教室内を走り回らない」の欄を指さして「音読します。せーの！」、「教室内を走り回らない、グラウンドを猛ダッシュ！」と一緒に音読します。にこやかに「いいかい、危ないから昼休みに外でやろうね」と指示して指導を終わりにします。くどくど長い指導は必要ありません。大事なことをいつでも見えるようにして、短く指導します。

第1章
生徒が能動的に動く
学級のシステム

みんなの安心をつくる生活のきまり ダメ!

	してはいけないこと	理由・価値
完全排除	暴力禁止	暴力があるところに教育は成立しない
	ズボン下ろし禁止	人権侵害行為
	「うざい」禁止	人権侵害行為
	「きもい」禁止	人権侵害行為
	「死ね」禁止	人権侵害行為
	目上の人へのため口禁止	社会人としての標準装備
	公衆の面前で髪をくしでとかさない	社会人としての標準装備

	してはいけないこと	理由・価値
登校	片方の肩にかばんを担がない	青かばんは両肩に
	青かばんは手持ちしない	手にはサブバッグ
授業	3・2・1を崩さない	3分前入室　2分前着席　1分前集中
	授業中にトイレにいかない	10分休みはトイレのためにもある
	イスの脚を浮かせて座らない	腰を立てて座る
移動教室	サイレントゾーンを通らない	常にお客様がいることを考える
10分休み 昼休み	人の教室に入らない	あなたの居場所はそこではない
	他学年の階に行かない	委員会のときはOK
	トイレにたまらない	お話はトイレの外で
	廊下で鬼ごっこをしない	鬼ごっこはグラウンドでする
	教室内を走り回らない	グラウンドを猛ダッシュ
	教室内、廊下で物を投げない	グラウンドで遠投
	窓から出入りしない	どろぼうか！
	天井付近のパイプに触らない	ガス等の通り道　危険
	窓の外に物を投げない	地球はゴミ箱じゃない
	身体接触はしない	体も心も距離感大事！
	廊下のバーにぶら下がらない	鉄棒か！
	中庭で走り回らない　池ポチャ禁止	中庭では座って青春、語り合う
給食	固形の物を個人交渉でやりとりしない	じゃんけん大会で勝負
清掃	遅れない　手を抜かない	時間前に始めるのが一流
その他	人の物に勝手に触らない	すべて親の持ち物
	人前でヒソヒソ話をしない	傍若無人な態度は集団の空気を壊す
	給食と調理実習以外で飲食しない	スウィーツでつながる友達は偽物です
	手紙を回さない	伝えたいことは直接ね
	人のふで箱や持ち物をさわらない	相手の気持ちを考えよう
SNS	個人情報を出さない（顔、名前、学校名等）	ネットパトロールが見ている
	人の情報を勝手に出さない	誹謗中傷だけが犯罪ではない

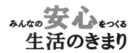

成長の足跡を残す

現代の中学生は忙しいです。部活動改革によって、放課後や休日の時間が増えたように見えることもありますが、塾や習い事、部活動が縮小した代わりのスポーツクラブや文化活動への参加など、多忙な毎日を過ごす生徒が多いです。

学校でも毎時間違う先生の授業を受け、先生同士の横の調整がほとんどない状態で課題や宿題を課せられます。テストもあります。前にやったことなんて覚えている余裕がない人もいます。だからこそ、ときどき立ち止まって自分がしてきたこと。自分たちがしてきたことを振り返るスポットが必要です。

クラス会議でこれまで何を話してきたか。何のためにみんなで対話を重ねてきたのかを教室に掲示します。学級で合意形成を図ってきた証になります。

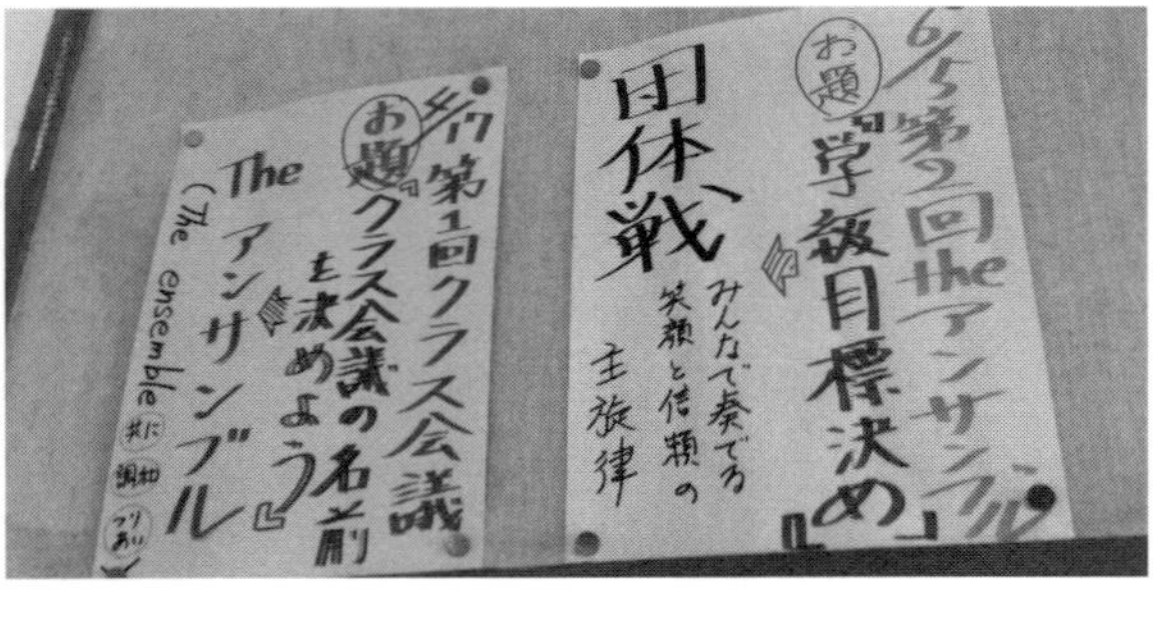

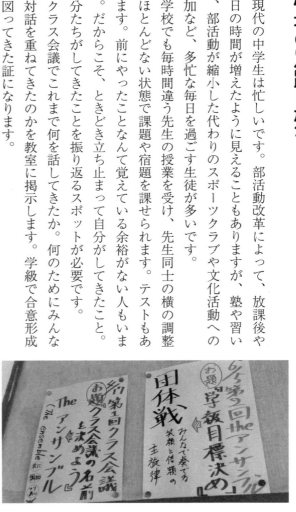

トラブルのない学級はありません。トラブルが発生したとき、生徒は教師に解決を求めるかもしれません。いじめに対しては、教師の強権を発動しなくてはなりませんが、それ以外の小さなトラブルはなるべく生徒たち自身に解決させます。そのために、掲示を指さしながらこう言います。

「これまで何回も自分たちで解決しようと粘りましたよね。今回は違うんですか。皆さんならできる。私はそう思っています」

特別の教科道徳での学びも掲示します。年間で22の内容項目について学びます。それらが積み重なり、道徳的価値に対する理解を深めていきます。その積み重ねのために、学習した内容や生徒に心に刻んでほしいフレーズ、生徒に響いた言葉などを掲示物にします。

次に同じ内容項目で違う教材を扱うときに、その掲示物を黒板に貼って再活用することもできます。

違いに「いいね」させる

下の写真は学年の階の端に設置した「お1人様コーナー」です。

学年の階の廊下の一番奥。今は通常の教室として使われていない多目的室前の廊下についたてを置き、使っていない椅子を並べました。椅子に腰かけて窓の外を眺めることができます。入り口側に衝立があるので、教室側の廊下からこちらは見えなくなっています。バーカウンターのスツールのイメージです。

学校は人とのつながりを煽られる場所です。1人でいることが必要以上に目立つ場所でもあります。しかし、誰だって1人になりたいときはあります。ですから、学年職員にお願いして「お1人様コーナー」を設置しました。

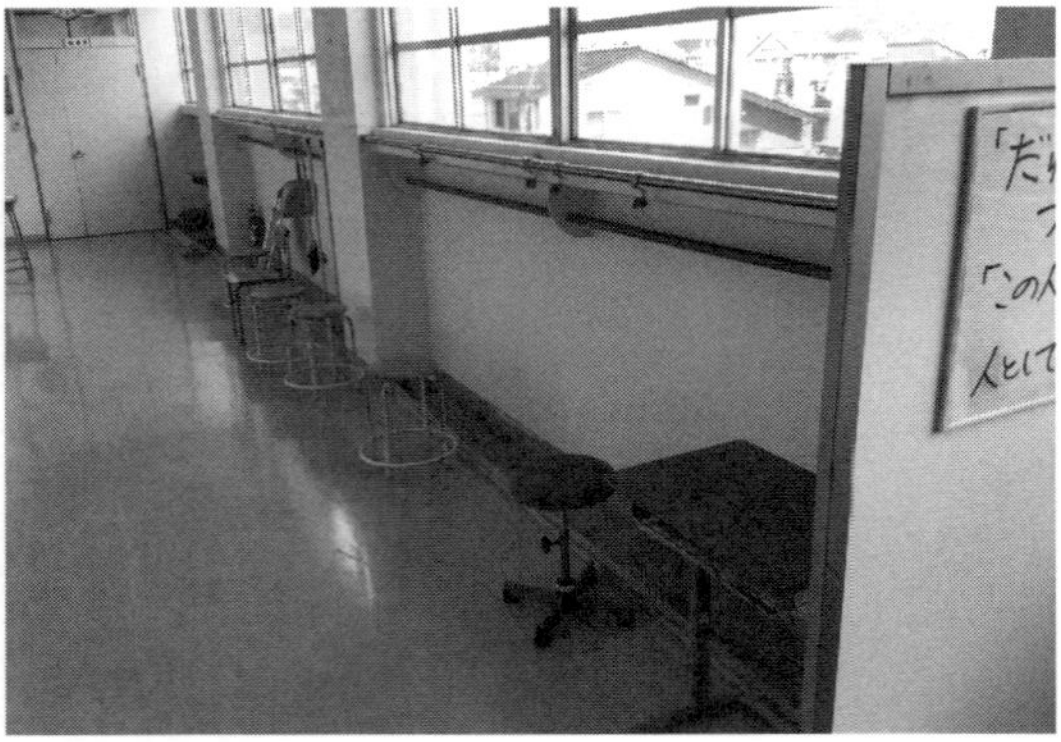

１人になって一息つきたい生徒がふらっと立ち寄ります。ちょっと人に見られたくないときに入ってくる生徒もいます。

いつも誰かと一緒だと疲れてしまう人もいる。そういう誰かの苦しさをお互いに受け入れられる学年になってほしい。そういう願いを学年全体に伝え、多様性を認め合う環境づくりの１つとして行ったものです。

自分にはわからない苦しみを理解することは難しいです。しかしそれを理解してほしいと呼びかけます。人はだれでもいつか弱い立場になります。老化がその最たるものですが、突然、事故や病気の影響を受けることもあります。誰でもいつかは誰かに支えてもらわなくてはならないときがきます。学校の中で、生徒が誰かを支えることを当たり前にしたい。私はそう思って学級づくりをしてきました。

ですから、１人になる時間も場所もない学校という居場所の中で、「つながり疲れ」を感じる生徒に逃げ場をつくりたいと思い「お１人様コーナー」をつくりました。

多様性という言葉がすっかり定着した昨今、違いを認めよう、違いを認め合おうという主張は一般的になりつつあります。学校でも校則見直しなどの動きにそれが表れています。

しかし、多様性はときに攻撃性を伴うという側面があることも忘れてはなりません。多様性がその集団内に保障されるためには、多様性を受け入れる周囲の受容度が熟していなくてはならないのです。そうでないと「あいつ変だ。キモい」、「あいつ、何か違う。かまってやろうぜ」と攻撃対象になることがあります。

集団のメンバー個々の違いに「いいね」と応じてほしい。視力が低い人が眼鏡をかけるように、足が不自由な人が車いすに乗るように、光に過敏な人がサングラスをかけて登下校するように、学校に登校することを選ばない人が夕方の学校に顔を見せるように、その人なりの対応や工夫に対して「あいつ、何か変」ではなく「それもありだね。いいね」と応じてほしい。そういう願いを生徒に伝えます。

情けは人の為ならず

人に親切にすれば、その相手のためになるだけでなく、やがてはよい報いとなって自分にもどってくる、ということ。

出典：デジタル大辞泉（小学館）

誰もがいつかは弱者になります。だから今、困っていることがある人に対して他と違うところを攻撃するのではなく、違いを認める人になってほしい。それはいつかの自分のためであるということを伝えていきたいのです。

先のことわざを、「親切にするのはその人のためにならない」という意味で解釈している人がいますが、そうではありません。

情けは人の為ならず。その意味と価値を理解した生徒は、率先して他の生徒の弱さを受け入れ、それに「いいね」してくれるようになります。

学校への登校を選ばない生徒が増えています。教室のすべての座席に当たり前に生徒が座っている学校。それはもう過去のものになりました。

みんないろいろな凸凹をもっています。学校は放っておけば非常に強い同調圧力がかかりやすいところです。みんなの凸凹を珍しがったり、揶揄したりするのではなく、補い合ったり、大切にし合ったりできるところにしたい。私はそう考えています。

誰かに対する癒しや施しは、未来の自分への投資と同じ。私はそう生徒に伝えたいのです。

❸誰かの成長をみんなの知恵にする

似たような生徒指導事案が連続で起こると「またか！」という気持ちになります。それを防ぐためには１つの生徒指導事案で得た学びや誰かの成長を、学年みんなの知恵にすることをおすすめします。関係者の理解を得たうえで、学年集会等で事実の報告と、それにまつわる指導内容を全体で共有します。

❹つながり方を教える責任を自覚する

「もうあの人とは関わりたくない」と言う人がいます。心情的には理解できますが、学校では最も難しい解決策だと思います。SNSのつながりならブロックすれば終わりですが、リアルな人間関係ではそうはいきません。人とのつながり方や距離の取り方、折り合いのつけ方を学ぶのが、学校という場所が本来もつ機能だと思うのです。

❺変えようとするな、わかろうとせよ

尊敬する先生から教えていただいた言葉です。私たち教師は生徒の行動変容を求めて指導します。それも成長の一つですが、相手がその行動変容に必要性を感じたり、納得したりしているかについては、結構無頓着なことがあるかもしれません。生徒理解という教育の手段は、これまで以上に大きな課題を私たち教師に突き付けているのではないでしょうか。

11
「生徒指導」のシステム

システムづくりのポイント

❶事実を徹底的に明らかにする

暴力行為や悪口、SNS の不適切な書き込みなど、いじめの疑いがある事案が起きた場合は、事実を明らかにすることが第一です。事実がはっきりするまで、関係する生徒にしっかりと話を聞きます。事実がでそろってから、初めて指導に入ります。この手順を疎かにしてはなりません。

❷学年部総出で対応する

生徒間トラブルには複数の生徒が関係していることが多いです。その場合、関係生徒に個別に、そして同時に話を聞きます。複数の教師が必要になりますから、担任も含めて該当学年の職員で一斉に話の聞き取りをします。加害者側の生徒に口裏合わせの時間を与えないためです。

事実を徹底的に明らかにする

生徒指導事案発生。２時間目の授業の後で、ＡさんがＢさんの腹を殴り、それを見た周囲の生徒が２人を引き離しました。その場にいた授業者があなたです。初期対応が求められます。まず何をしますか。

最初にやることは事実の確認です。こんな対応が考えられます。

①けがの有無をＢさんに確認する。
②被害者Ｂさんに対して、何があったのかを休み時間のうちに話を聞きメモを作成する。
③次の時間の授業者に２人のトラブルについて報告し、授業中の観察を依頼する。
④学年主任に概要を報告する。

ここまでを業間にするべきです。けが、いじめの対応は待ったなしです。④までを直後の休み時間にしておかないと、学年主任と生徒指導主事の連携がとれません。事後対応について相談がなされて、昼休みに各生徒から話を聞く流れをつくるためにも、ここは迅速に情報を伝達する必要があります。

この先はこんな対応が考えられます。

⑤学年主任と学年生徒指導が対応を協議し、昼休みの動きを確認する。

⑥加害者Aさんには H先生、被害者Bさんには I先生、周囲で見ていた生徒には J先生がそれぞれ話を聞く。廊下で待機してときどき室内の様子を確認する担当をK先生に依頼。

⑦聞き取り内容を報告し合う時刻を決めておき、三者の話を照合する。話が合わない部分について再度話を聞く。教師たちが報告をし合っている間は、K先生が生徒たちの様子を見る。

事実を確認するときは5W1H（どこで、誰が、何を、いつ、なぜ、どんな風に・どのように・どれくらい）を明確にしていきます。⑤の例であればAさん，Bさん、周囲の生徒の言い分が合うまで話をすり合わせます。Aさんはこう言っているけど、Bさんと周囲の生徒は違うことを言っている場合、それは事実とは認定できません。

事実に即して指導する。ここをしっかりやらないと、保護者から苦情をいただくことがあります。動かしようのない事実を明らかにしてから、それぞれのよくなかった行動について自覚を促し、人としての成長を生徒と一緒に考えていく姿勢が求められます。

学年部総出で対応する

生徒指導のスタートは事実を確定することです。生徒から話を聞くときに加害側の生徒が複数いる場合、口裏を合わせる時間を与えてはなりません。口裏合わせが入ると、嘘が混じり事実がねじ曲がります。事実の確認は関係者「一斉同時」に生徒に話を聞く必要があります。そのためには複数の職員が必要です。中学校の生徒指導は学年部で行います。決して担任1人に預けっぱなしにしてはいけません。担任1人が関係生徒に対して順番に行う事実確認は、加害側の生徒を嘘つきにしてしまうリスクを孕みます。

事実確認の前に学年の生徒指導担当か学年主任が、次のことを指示します。

①誰がどの生徒に話を聞くのかの役割分担を決める。
②誰がどの部屋を使うのかを示した部屋割りを行う。
③聞き取り内容のすり合わせの時刻の指定をする。
④これまでにわかっていることを簡単にまとめたメモを配付する。
⑤④の用紙に5Ｗ1Ｈを書き加えていくように指示する。

ここ数年「手のかかる中学1年生」が増えたと感じます。いろいろな特性をもつ生徒が増えているのもありますが、人を叩いてはいけない、人の物を勝手にかまってはいけないなど、今まで当たり前と思われていたことを知らない、身につけていないという事案をよく目にするようになりました。

小学校は学級担任制ですから、おそらく生徒指導も1人でなさることがあるのではないでしょうか。１人で行う指導にはタイムラグが出ます。それが口裏合わせタイムになります。それを学んだ生徒は「嘘をつきとおせば事実は曲げられる」と誤学習することもあるでしょう。そうさせないためにも、学年部職員総出で一斉に行う事実確認が重要です。

事実が確定したら、今度は担任の出番です。関係者を全員集めて事実の再確認をし、それぞれの言動で改めるべきことを述べさせます。謝罪等が必要な事案であれば、加害側生徒の反省の度合をみて、その場で行わせます。

学校が行う指導に過敏に反応する保護者もいます。事実ベースで指導は進めましょう。丁寧な指導のためには、事実確認を終えた段階で保護者に一報を入れ「以上のことで明日指導をさせてもらいます」と伝えておくとよいです。

誰かの成長をみんなの知恵にする

教室で走っていたらぶつかって怪我をした。トイレで鬼ごっこをしていて、個室をのぞいた生徒がいた。勝手に人の物をかまって壊してしまった。人の見た目を笑って相手を傷つけた。どの学校でもある事例ではないでしょうか。

それらに一つひとつ対応するのは大切なことですが、二度三度と似たような事例が起こると「またか！」と思い、こちらの気持ちが萎えてしまいがちです。

生徒指導とはそもそも何をすることなのでしょうか。生徒指導提要には生徒指導の「定義」がこう書かれています。

> 生徒指導とは、児童生徒が、社会の中で自分らしく生きることができる存在へと、自発的・主体的に成長や発達する過程を支える教育活動のことである。なお、生徒指導上の課題に対応するために、必要に応じて指導や援助を行う。

「自分らしく生きる」ことは自分勝手とは違います。周囲の「自分らしさ」との折り合いをつけることに気づかせなくてはなりません。それがないのはただの幼稚さの表れです。「自発的・主体的に成長や発達する」には、「そうか、こういうことが集団では大切なのか」や「こういうのが起こる集団ってどうなんだろう」という気づきが必要です。

ＳＮＳ上で相手の悪口を書き込んだ事案がありました。画面のスクリーンショットを関係生徒から入手して事実確認し、指導と家庭連絡までを行いました。続きは学年全体への指導です。学年集会や学年朝会の場面での指導が考えられます。関係生徒全員に「今回の気づきを学年みんなにも伝えるけどいいですね」と確認をとってから行います。

「先週ＳＮＳ上でのトラブルがありました。悪口を書き込んで相手を傷付けてしまいました。やってしまった人は深く反省して二度としないと誓ってくれました。４月にみんなに教えたことを確認します。責めない、乗らない、晒さない。ＳＮＳも言葉のメディアです。言葉は人を傷つけるのではなく、人の心を温めるために使いたいですね」

１つの生徒指導事案で誰かが気づいた、人として大切にすべきこと。それを学年みんなの知恵にします。それが「自発的・主体的に成長や発達する過程を支える」ことにつながります。

つながり方を教える責任を自覚する

誰かに悪口を言われた。誰かに嫌なことをされた。そういう事案があったとき、被害側の生徒がこう要求してくることがあります。

「あの人とはもう二度と関わりたくないです。謝罪してくれなくてもいいです」

保護者も同じようにおっしゃることがあります。しかし、それは学校ではもっとも難しい解決策です。同じ校舎、同じ教室で同じ授業を受けていれば、関わりをゼロにすることは不可能です。できるとすれば、どちらかの生徒が転校するしかありません。

学校は小さな社会です。安全な枠組みの中で、失敗とそこからの立ち直りを繰り返して大人になっていく準備をする場所。他者との協力や対立、そこに折り合いをつける方法を学ぶ場所。それが学校だと考えます。だから「もうあの人とは関わりたくない」という決着に私は違和感を覚えます。

学校で生徒同士の関わりをゼロにすれば、いじめもトラブルもグッと少なくなります。しかしそれではみんなで1つの学び舎に集う意味がなくなってしまいます。

「あの人とはもう関わりたくない」と話す生徒にはこんな風に聞きます。
「もう関わりたくないほど辛い気持ちになったんだね」（共感）
「あんな思いは二度としたくないんだね。今回はAさんから嫌なことを言われたからそう思ったのだけど、次に別の人に同じことをされたときはどうする？」（仮定の提示）
「今後Aさんと同じ班にはならないように座席の配置はするよ。でも授業などで一緒に活動しなくちゃいけない場面がきっとある。そのときはどうする？」（予想）
「あなたの気持ちはわかるし、あなたに辛い思いはさせたくない。でもさ、あなたとAさんが完全に交わらないのを見ている周りの人ってどう思うかな？」（他者意識）

教室は二者関係では完結しません。必ず周囲の目があります。それらにも配慮しようとする気持ちがあれば、きっとこの生徒は「協力しなくちゃいけないときだけ協力します」「関わりは最低限にしておきます」など、今後の行動の在り方について話すはずです。保護者にも学校としての席替えなどの配慮について伝えたうえで、その子が改めて考えた他者との付き合い方についてお伝えします。

私たち教師は、人とのつながり方、折り合い方を教える義務があると思っています。

変えようとするな、わかろうとせよ

生徒指導には「目的」があります。

「生徒指導は、児童生徒一人ひとりの個性の発見とよさや可能性の伸長と社会的資質・能力の発達を支えると同時に、自己の幸福追求と社会に受け入れられる自己実現を支えることを目的とする」

大昔は生徒指導というと、強面教師がガンと叱るイメージが長くありました。令和の今、その機能は3つあると「目的」には書いてあります。

①生徒一人ひとりの個性の発見とよさや可能性を伸ばすこと
②社会的資質・能力の発達を支えること
③自己の幸福追求と社会に受け入れられる自己実現を支えること

「支える」というのがポイントです。教師が「いいか、わかったな！」と変えようとするのではなく、その子なりに一生懸命考え、判断し、自分のために必要感をもって、行動改善につなげようと努力する。その過程に寄り添うイメージです。

「変えようとするな　わかろうとせよ」

これは私が尊敬するＩ校長先生から教えていただいた言葉です。Ｉ先生は生徒にも職員にもよく話を聞いてくれる方です。そして、生徒一人ひとりのことを大切に考える学校運営をされています。

Ｉ先生の学校で務めたときに、１人の女子生徒がいました。彼女は人が大勢いるところでは固まってしまう人でした。そんな彼女にＩ先生は１学期の終業式で流す動画作成を依頼しました。Ｉ先生の依頼を受け、彼女はビートルズの有名な曲をＢＧＭにした動画をつくりました。個性、平和、多様性などをメッセージとして文字で入れて、それに合う背景を合成し、見事に校長先生の意図を動画に仕立て上げました。

１学期終業式の校長講話はこの動画のみ。Ｉ先生は一言もお話をされませんでした。動画それ自体もクオリティが高く生徒も職員もみんな驚きました。生徒が下校した後の職員終礼のとき、Ｉ先生は動画の話を出して私たち職員に問いました。

「先生方は彼女のこの作品をどう評価しますか。緻密に構図を練り、英語の意味を考え、その世界観を動画にする。これって美術ですか。英語ですか。技術ですかね。私たちが生徒たちを評価するときに大切なものって何でしょうか」

私たち職員は何も答えられませんでした。生徒を私たちのものさしに当てはめて変えようとするのではなく、その生徒の声を聞き、その生徒の目になって一緒に考える姿勢を大切にすること。その生徒のよさや可能性、その子にしかわからない苦しさを大切にすること。相手のことを、全部は難しくても精一杯わかろうと努力をすることの大切さを教えていただきました。

外圧で人が変わったとしても、それは「変わったように見える」だけかもしれません。目の前から外圧を加える人がいなくなったら、また元に戻ることもあります。私たちが育てるべきは生徒の即時的、一時的な行動変容だけではなく「生徒が、社会の中で自分らしく生きることができる存在」になれるよう支援していくことでもあるのです。

【引用文献】

・文部科学省（2022）「生徒指導提要」pp.12-13

第2章
生徒が主体的に学ぶ学習のシステム

❸あいさつの意味を教える

授業の始まりと終わりのあいさつは、きっと日本中どの教室でも行われているでしょう。そのねらいは何でしょうか。授業にきちんと取り組む姿勢は、安定的な学級経営にとってとても重要な要素です。授業であいさつをする意味を生徒にわかりやすく説明します。

❹聞く態度とおしゃべりの意味を教える

人の話を聞くことは、人が成長していくために必要なスキルの１つです。学級における話を聞く態度を２つの方向で育てていきます。１つは対教師。先生の話を聞く態度です。すべてはここから始まります。もう１つは対生徒。生徒が生徒の話を聞く態度を育てます。動画が大好きな生徒の中には「相手を論破することがかっこいい」と思っている人もときどきいますが、相手を論破しても勝ち負けしか残りません。対話の目的は相手を打ち負かすことではなく、最適解や最善解を生み出すことにあります。学校教育には、生徒同士の対話が求められる活動がたくさんあります。意図的に生徒の聞く態度を育てたいものです。

1
「学習規律」のシステム

システムづくりのポイント

❶10分休みは準備時間とする

授業と授業の間の10分休み。これをどう位置づけていらっしゃいますか。トイレの時間でしょうか。リラックスする時間でしょうか。それらも大切ですが、次の授業のために準備するという意味をしっかりと位置づけることが大切です。学年に複数の学級がある場合は、１つの階に教室が横並びになっている場合も多いでしょう。授業開始の数分前に階の端にいる生徒は、自分の教室への入室が遅くなるかもしれません。廊下に人が大勢いればなおさらです。10分休みの意味を、学年生徒全員と共通理解します。

❷時計で動かす

教室内はもちろんのこと、学校にはあちらこちらに時計が設置されているはずです。生徒は時計を見て行動していますか。チャイムが授業の始まりと終わりの合図だとすれば、チャイムを聞いてから教室に入るのはすでに遅刻していることになります。大人になったらチャイムはありません。時計を見て動く価値を生徒と共有します。

10分休みは準備時間とする

「授業と授業の業間10分間は休み時間ではありません。準備と移動の時間です」

4月に学年生徒に指導すべき内容です。1限数学が終わったら、すぐに2限英語の道具を机に乗せる。それからトイレをすませたり、友達と談笑したりすることを習慣づけます。また、次の授業が教室移動を伴う理科や音楽などの場合、前の授業が終わったらすぐに移動を開始するように教室を追い出します。

時間への意識は、放っておけば次第にルーズになっていくものです。学校で過ごす時間が増えれば増えるほど知り合いが増えて、廊下で声をかけられることも自分から声をかけることも増えます。人間関係の広がりと時間意識のルーズさにはある程度の相関がありま す。これに抗うには「授業が終わったらすぐに次の授業のために動く」ことを習慣化するのが得策です。授業後の動きのシステム化です。

それでも授業が始まってから、自分のロッカーにファイルや教科書を取りに行く生徒がいます。その人にはあえてみんなの前で問います。

「あなたの10分休みの過ごし方を話してください」

もしここで保健室に行って治療をしていたり、教師に呼び出されていたりなどの理由がある場合は、話を聞いて終わりにします。

しかし、授業準備をせずに遊んでいた場合は、「前の時間が終わったところから、自分がやるべきだったことを順番通りに話してください」と尋ね、業間の休み時間の過ごし方の基本に立ち返らせます。人は忘れる動物です。ときどき全体で業間の過ごし方を確認します。

正当な理由がなく授業に遅れた場合は、毅然と指導します。

「今あなたは２分遅刻しました。この指導を含めると３分です。教室にいるのは30人。３×30で90分。あなたは90分の人の時間を自分の都合で奪いました。責任をとれるのですか。どう改善していくか、昼休みに話をしましょう。職員室に来てください」

時間と命は全員に平等です。その考え方をみんなの文化にしていきます。

時計で動かす

学年みんなの合言葉をつくって、それをみんなの行動の指針にすると、学習規律がシステムとして稼働しやすくなります。こんな合言葉はいかがでしょうか。

3分前入室　2分前着席　1分前集中

授業で教室に向かいながら「おーい、時計見ているかー?」と声をかけます。多くの生徒は「あ、3分前だった!」と言いながら慌てて教室に向かいます。教室に入ったら教卓に座って生徒を眺め、座っている生徒の行動の正しさを認めます。

「2分前に座っているあなたたちはすばらしい」それを聞いたまだ座っていない生徒たちも、次々に自席に座っていきます。そしてチャイムの2分前に着席していた生徒には「あなたたちは立派なリーダーですね」と話します。長らく学校で「リーダー生徒」というと声が大きくて、みんなの前で話ができて、他者をぐいぐい動かすような生徒がイメージされてきました。しかし、そういうタイプの生徒は少なくなってきたと感じます。多くの生徒は「みんなと同じ」を志向し、「なるべく目立たない」ように行動する傾向があります。ですから、私は生徒にリーダーシップを説明するときに、こんな話をします。

「リーダーシップとは、他の人によい影響を与えること。だから人よりも早く座る人もリーダーです。朝読書で最初に本を開く人もリーダーです。あなたに出せるリーダーシップを発揮してほしい」

正しい行いや集団のためになることを率先して行う。その価値を集団に落とし込みます。そうすることで時間前にきちんと座っている生徒は、自分の行動を価値あるものとして認識します。集団の良し悪しは中間層の質で決まります。中間層を育て「時間は守るもの」という世論を形成します。

時計を見て動く。これは生徒だけでなく私たち教師にも当てはまることです。チャイムが鳴る前に教卓にいること。授業終わりのチャイム以降は授業をしないこと。生徒に「時計を見て動きなさい」と指導するのであれば、教師は率先垂範するべきです。

私はチャイムと同時にあいさつをして授業を始めます。そして、授業の終わりのあいさつをしたら、その5秒後にチャイムがなるように時計を見て授業をしています。

あいさつの意味を教える

「起立、気を付け。お願いします」「起立、気を付け。ありがとうございました」

こんなあいさつで授業の始まりと終わりを迎える学級が多いのではないでしょうか。

皆さんは、なぜ生徒たちにあいさつをさせていらっしゃいますか。授業の始めと終わりのあいさつには、いつくかの機能や意図があると思います。

①休み時間と授業の切り替えの合図
②みんなで学ぶスイッチとしての掛け声
③「先生の先生」にあいさつ　「生徒の保護者」にあいさつ

①は「授業だ。気持ちを切り替えよう」という合図としての機能です。ですから、あいさつが済んだ後も友達とおしゃべりをしている場合には「授業が始まりました」と注意して授業モードに切り替えさせます。

②はみんなで声をそろえて始めることで、教師も含めみんなで授業をつくることに意識を向けさせる機能です。１人１台端末になった学校でも、みんなで学ぶ価値はいささかも衰えていません。１人では出せない答えと出合ったり、１人ではがんばりきれないことに、みんなで向き合ったりする場が授業だからです。

③はあいさつがだらけてきた頃に、生徒に話す言葉です。あいさつに込めた教師の意図を教えます。

「先生にも教えを受けた先生がいます。私が皆さんに授業で教える内容は、先生の先生に教えてもらったこともたくさん含まれています。だから、皆さんは先生の先生に対して『教えてもらいます』とあいさつをするのです。ほら、先生の後ろにボヤ〜っと見えるでしょ？（笑）　そして先生は皆さんに『お願いします』とあいさつをします。これは皆さんに対しての礼儀であると同時に、皆さんの後ろにいるお家の方たちにあいさつをしています。『お子さんに授業をさせてもらいます』ってね。だから、授業のあいさつはきちんとできるクラスになりましょうね」

何かをさせるときには、その行動の価値を教え、生徒たちに対する期待を語ります。それに納得できた人は能動的に動き始めます。システムに意味をもたせるのです。

聞く態度とおしゃべりの意味を教える

教師の話を聞く態度をつくることは、すべての指導の根幹です。学級経営の指導事項の1丁目1番地と言えるでしょう。

次に大切なのが、仲間の話を聞く態度をつくることです。授業における学習者同士の対話、学級活動における話合い、特別の教科道徳での道徳的価値に関する議論や語り合いなど、学校には生徒同士の対話を想定した学習がいくつも存在します。ですから、教師の話を聞く態度と同じくらい、仲間の話を聞く態度の育成は重要です。話を聞く態度をシステム化します。それは「話している人に体を向ける」ことです。小学校でもそういう指導を受けている生徒も多いです。これが定着すれば学年集会などで人が前に立つと、座したまま話をする人に体を向けるようになります。教室で誰かが立って発言したら、そちらにみんなが注目するようになります。

聞き手の指導が中心のように感じられるかもしれませんが、一番大切なのは話し手の意識です。「私はこの集団の中で発言してもいいんだ」、「私の発言を笑ったりする人はいない」、「私を傷つけようとする人はここにはいない」という気持ちがなければ、生徒は自分の内面を語ろうとはしません。学級で高め合う生徒を育てるのは、学級における心理的安全性をつくることと同義です。

聞く態度の次は、おしゃべりの意味を教えます。授業内容に関係のない私語は困りますが、関係のあるおしゃべりはどんどんするべきだと思います。授業中のおしゃべりには次のような機能が期待できます。

・意見の拡散　　　　　　　・意見の収束
・体験や知識の共有　　　　・集中力の喚起

そもそも、個の学びが充実してくると、仲間の考えを聞きたくなるものです。「これ、合っているのかな」「他の人はどう思っているんだろうか」「あの人の考えをもう少し詳しく聞いてみたいな」そんな思いを持ち始めるはずです。

与えられた課題などについて、きちんと自分の意見を述べることができる学級は、授業が生き生きとしてきます。ただ聞いているだけで反応の少ない学級は、授業者にとっても辛いものです。生徒と一緒に対話のある授業をつくっていきたいものです。

❸学び方を示して選ばせる

単元の最後にたどり着くべき場所が見えたら、どうやってそこに向かうかを考えます。人によって学び方の好みがあるので、ある程度は生徒に委ねたいものです。単元の学びの中に、自分で考えてやり方を選ぶ時間を確保します。

しかし、それだけでは多様な学びは生起しにくいです。みんなと違う学び方や、人と違う学び方は目立つからです。普段から、人と違うことを受容できる学級になっているかどうか。ここが多様な学び方を充実させるポイントになります。

2
「単元構想」のシステム

システムづくりのポイント

❶学びの地図を共有する

主体的・対話的で深い学びは、１時間の授業でつくれるものではありません。単元全体でつくるものです。単元全体の指導計画が、きっと先生方の頭の中にはあるはずです。生徒の頭の中にはあるでしょうか。学びを進めるのは生徒です。生徒たちこそ、その単元で何を学ぶのか、どれくらい達成できるようになればいいのかをわかっていた方がよいです。単元全体の学びを生徒に可視化します。

❷単元のゴールを明示する

単元の学びを終えたときに、自分が何をできるようになればいいのかを生徒に示します。それは思考力、判断力、表現力を発揮する場面を想定します。そのためテストの目的と場面を明確にします。それが真正の学びに近づくためのポイントになります。

学びの地図を共有する

学校教育で生徒たちに育むべきものは「生きる力」です。生きる力を下支えするものは資質・能力です。その資質・能力の3つの柱が次のものです。

・「何を理解しているか、何ができるか（生きて働く「知識・技能」）」
・「理解していること・できることをどう使うか（未知の状況にも対応できる「思考力・判断力・表現力等」の育成）」
・「どのように社会・世界と関り、よりよい人生を送るか（学びを人生や社会に生かそうとする「学びに向かう力・人間性等」の涵養）」

これらを具現化するための方略が「主体的・対話的で深い学び」です。公開授業等で指導主事や管理職が行う指導でも、必ず述べられる言葉です。では「主体的・対話的で深い学び」はどうしたら生起するのか。学習指導要領解説には次のように書かれています。

主体的・対話的で深い学びの実現に向けた授業改善を考えることは単元や題材など

内容や時間のまとまりをどのように構成するかというデザインを考えることに他ならない。

このことから「主体的・対話的で深い学び」は１つの授業コマ50分で考えるのではなく複数時間の授業、つまり単元全体で構築していくものだということがわかります。

この単元の学びを通して生徒にどんな力をつけたいのか。そのためには何を教えればいいのか。どのように学ばせるのが効果的なのか。その学びの姿をどのように評価するのか。どこまでを教師がリードし、どこから生徒の創意工夫や協働に委ねるのか。それらを単元全体で地図として描くことが必要です。

多くの先生方は授業をする前に単元全体の指導内容を考え、単元の学習を終えたときに生徒がどんな姿になっていてほしいかを考え、毎時間の授業をなさっていると思います。別の言い方をすれば、単元全体の「学びの地図」を頭に描いて授業をされているということです。それを、先生の頭の中にだけにとどめておいてはもったいないです。見えるようにして生徒とも共有したら効果が倍になります。なぜならば、授業は生徒と一緒につくるものだからです。船旅に例えれば、先生も生徒も同じ乗員乗客であるともいえますから。

私が勤務した学校では、教科ごとに学習する単元の「ルーブリック」を作成し、それを単元の学習の始めに生徒に提示しています。「ルーブリック」という言葉に馴染みがない方もいらっしゃるかもしれません。文部科学省が公開している資料には次のように説明されています。

「成功の度合いを示す数レベル程度の尺度と、それぞれのレベルに対応するパフォーマンスの特徴を示した記述語（評価規準）からなる評価基準表」

私の教員免許は外国語です。

3年生　英語科　「Program1 Bentos Are Interesting!」 評価ルーブリック表

				S	A	B	C	F
No.		めざす姿	評価の方法	特に優れている	優れている	概ね満足できる	学習の方法に工夫を要する	
知識・技能等	1	Scenesで学習する語彙、表現、文法、言語の働きなどを正しく理解している。	Scenes Basicテスト	Aを上回っている。	Basicテストで80％以上の正答率を達成している。	Basicテストで50％以上の正答率を達成している。	Bに至っていない。	課題に取り組まない。
	2	観点1の知識を、聞くこと、読むことにおいて正しく使う技能を身に付けている。	Think 音読の録画	Aを上回っている。Aに加えて、英文の抑揚を表現している。	単語に読み違いがなく、適切なボリューム、英語らしい発音、適切な間合いをとって音読できる。	単語に読み違いがなく、最後まで音読できる。	Bに至っていない。	課題に取り組まない。
思考・判断・表現等	3	Thinkのあらすじを説明することができる。	Retellテスト	Aを上回っている。Aに加えて、教科書以外の英文も用いて説明している。	単語メモを見ずに、適切な声の大きさ、英語らしい発音、語と語の繋がり、適切な間合いに気を付けてThinkのあらすじを英語で説明できる。	単語メモをときどき見ながら、適切な声の大きさ、英語らしい発音、適切な間合いに気を付けてThinkのあらすじを英語で説明できる。	Bに至っていない。	課題に取り組まない。
	4	【討論しよう】「学校で食べるなら、弁当と給食どっち？」について自分の意見を言える・相手の意見に反論できる。	パフォーマンステスト 話すこと（スピーチ）	Aを上回っている。原稿を見ずに自分の経験を交えながら、客観的な意見と理由を言うことができる。相手の意見に客観的な理由をつけたして反論できる。	原稿をほとんど見ずに、客観的な意見と理由を言うことができる。相手の意見に理由をつけたして反論できる。	原稿を見ながら、意見と理由を言うことができる。相手の意見に反論できる。	Bに至っていない。	課題に取り組まない。
	5	【討論しよう】ALTとやりとりがテンポよくできる。	パフォーマンステスト 話すこと（やりとり）	Aを上回っている。相手とのやりとりがテンポよく4ターン以上できる。	相手とのやりとりが2～3ターンできる。	相手と反論のやりとりが1ターンできる。	Bに至っていない。	課題に取り組まない。
主体的に学習に取り組む態度	6	学習課題に様々な方法で取り組んだり、粘り強く取り組んだりしている。	Basicテスト パフォーマンステスト 他	Aを上回っている。Aに加えて、自らコミュニケーションを増やそうとしている。	○進んで諸活動に取り組もうとしている。○Pテストで基本デリバリー（声量・アイコンタクト・ジェスチャー）のうち3つができている。	○進んで諸活動に取り組もうとしている。○Pテストで基本デリバリー（声量・アイコンタクト・ジェスチャー）のうち2つができている。	Bに至っていない。	課題に取り組まない。
	7	自らの学び方を振り返り次の学習に活かしている。	振り返りカード	Aを上回っている。	自分の取組を客観的な事実をあげて振り返り、改善点を文章で表現できる。また、次の学習に生かすためのより良い学び方を考え、文章で表現できる。	自分の取組を客観的な事実をあげて振り返り、改善点を表現できる。	Bに至っていない。	課題に取り組まない。

開隆堂出版，English Course 3を基に筆者が作成

授業でルーブリックを用いて、生徒に次のことを説明して単元の学習に入ります。

①何ができるようになってほしいのか（思考力・判断力・表現力）　例　ＡＬＴに道案内
②そのための舞台として、どんなパフォーマンステストを行うのか（思考力・判断力・表現力）　例　ＡＬＴが旅行者役になり、生徒が駅で電車の乗り換えを説明する
③パフォーマンステストの前段として、何を身につけてほしいのか（知識・技能）
例　電車の乗り換え等に関する必要な英語表現
④それらのことをどんな資料を基に評価するのか
⑤評価は何段階で行うのか。何をどれくらいできてほしいのか

これらが学びのゴールへの地図になります。ゴール地点は①②に示した思考力・判断力・表現力を発揮するパフォーマンステストです。

航海図と羅針盤を持たずに船を大海に進める船乗りはいません。④が単元の学びにおける航海図であり、⑤で生徒の学びを動機づけます。それらを授業者である教師と学びの主体である生徒が共有し、ともに授業をつくります。主人公である生徒自身が「何をどれくらいがんばればいいのか」を明示してから、単元の学びに入ります。

単元のゴールを明示する

一単元のゴールの姿とはどういうものをイメージされるでしょうか。教科によっていろいろなイメージがあると思います。教科別にみると次のようなものが考えられます。

・音楽　学校紹介ＶＴＲにＢＧＭをつける。
・理科　電気自動車の設計図を考えて提案する。
・社会　地元で実際に活動している人たちとともに浜辺のごみを減らすためのアクションプランを提案して、地域住民に提案する。
・数学　ある年の年末ジャンボ宝くじの当せん金と、一千万本当たりの当選本数を基に、この宝くじの当選金の期待値を求める。

いわゆるパフォーマンステストです。生徒は単元の学習の1時間目にこれを教師と共有します。きっと生徒たちは「えっ、難しそう。そのためには何を知っておかなくちゃいけないのだろう」と考えるはずです。その不安を払拭するためにルーブリックを配付します。それを見た生徒は「これを勉強していけばいいんだな。その先にパフォーマンステストがあるということか」と、学びの道順を理解します。

この段階で、単元の学習に対する相当な意欲づけがなされます。私の専門は外国語なので、私が英語科を担当した学級のエピソードを紹介します。

その単元のパフォーマンステストは「ALTの先生のゴールデンウィークの予定を聞いた後で、日本に来たばかりのALTの先生に『日本にいる間にここへ行くべき』と観光名所一か所について提案しよう」としました。テストを先生と一対一の対面で行うことを伝え、単元の最後に自分が立つステージを明確にイメージさせます。扱う文法事項は「助動詞などを用いた未来表現」です。

単元の指導計画をつくるとき、生徒が学びやすいように配列を考えます。この単元の場合は次のように段階を想定しました。

①助動詞などを用いた未来表現を学習し、ふさわしい使用場面で練習する。
②教科書の読み物文で休暇の予定を登場人物たちが話し合う場面を読み取る。
③学習中に出てきた表現のうち、パフォーマンステストで使用する表現を指定する。

④③の表現のペーパーテストを行い、知識の定着度を確認する。
⑤パフォーマンステストに向けて日本のおすすめの観光地について調べる。
⑥友人同士でパフォーマンステストのリハーサルをする。
⑦パフォーマンステスト　本番。

単元のゴールが明確になっているので、今授業でやっていることの意義はわかりやすい状態にあるといえるでしょう。「今のこれをがんばると、この先にいいことがある」と生徒は実感しながら学びます。この見通しがある安心感により、生徒はセルフサービスで学習に向かうことができます。

①②の段階は一斉授業で知識をしっかり身につけます。それを④のテストに向けて授業や家庭学習でマスターします。テスト範囲に示したものをすべてそのまま出題するので、生徒はよく勉強します。満点をとらせ自信をつけさせる段階です。

⑤⑥は生徒個々にやることが変わってきますから、自由に学ぶ時間を授業内に増やします。⑤の段階は家族との思い出や観光地に関する口コミを見ながら各自の端末で調べます。コツは「どこの観光地でもよい」ではなく「日本にいる間にここに行くべき」という相手

意識と目的意識です。これがないと真正の学び（オーセンティックラーニング）になりません。英語科に限らず、パフォーマンス課題の作成には目的と場面を具体的に示すことが重要です。

ルーブリックを基にした授業を展開し、単元のゴールにパフォーマンステストを位置づけてから、予想していなかった生徒の反応がありました。前年度も私が授業を担当した生徒Aさんのことです。彼女はそれまで英語を書くことを、とにかく面倒くさがる生徒でした。「書いて覚えよう。書いた方が身につくから」と何度言ってもどこ吹く風。それが昨年度の姿でした。

しかし、ルーブリックを基にした授業になってから、Aさんはたくさん書いて練習するようになりました。おそらく彼女は「英語を書く目的」を見いだせなかったのです。私がそれを納得させていなかったともいえます。今彼女は「話すために書く」という目的を手に入れ、セルフサービスで努力するようになりました。自分が一生懸命に書いたメモを頼りにして、パフォーマンステストを終えて笑顔で教室に戻ってくるようになりました。

学び方を示して選ばせる

学びの地図を手にした生徒は「自分はどこを目指すのか」を定め、「どうやってそこにたどり着こうか」を考えます。生徒の数だけ学びの好みがあります。1人で学びたい人、誰かと一緒に練習したい人、紙に書いて反復練習したい人、タブレットのアプリで練習したい人などです。大切にしたいのは、自分で決めて、自分でやってみて、成果を振り返り、自分で次の取組を修正するという習慣づくりです。

そのために毎時間の学習内容の振り返りと、単元途中での自身による中間評価、単元末の振り返りが欠かせません。それを「主体的に学習に取り組む態度」に加味することは言うまでもありません。学習への取組のシステムを、生徒と一緒につくっていきます。

しかし、いくら制度設計しても多様な学び方が学級の中で生起するとは限りません。なぜなら、人と違う学びかたは「目立つ」からです。普段の学級づくりで、いろいろな在り方を認め合うことや、いろいろな在り方にＯＫを出し合う受容度を高めておく必要があります。

例えば、みんなの前でスピーチをするパフォーマンステストがあったとき、どうしてもみんなの前ではできないという生徒がいます。昔だったら「みんなやるのです。がんばりなさい」で終わっていたと思いますが、昨今はそういう指導は通りにくくなっています。

スピーチをみんなの前でするのは、テストの条件ではありますが目的ではないので、教師だけが見ているところでしてもいいわけです。この子だけを特別扱いする指導です。この特別扱いを「別にいいよー」と受け入れる学級になっているかどうか。「あの子はそういう配慮も必要だよね」と言ってくれる互いの理解があるかどうか。セルフサービスで自分の学び方を選んで学ぶ授業が成立するには、普段の学級づくりがものをいうのです。

【参考文献】
・文部科学省（２０１７）「中学校学習指導要領解説　総則編」p.3, p.78
・文部科学省（２０１６）教育課程部会　総則・評価特別部会（第４回）配付資料 pp.29-30
・石井英真・鈴木秀幸（２０２１）『ヤマ場をおさえる学習評価　中学校』（図書文化社）pp.42-43

❸授業改善を重ねる

私たちは授業者であり、評価者でもあります。私たちが生徒に対して行う評価は、私たち授業者に対する評価でもあります。その良し悪しをみて単元内の指導バランスを見直します。知識を教える段階、その定着を測る段階、学び方を選び取らせる段階、学び合う段階などの設定と指導量を吟味します。その目的地は主体的・対話的で深い学びの実現です。

3
「テストと評価」のシステム

システムづくりのポイント

❶指導と評価をセットにする

通知表を配付すると「やった！　国語が５になった！」と、評定の数字だけを見て一喜一憂する生徒がいます。観点別評価の ABC はあまり見てくれません。保護者も同様かもしれません。本来は、単元の終わりに３つの観点について評価するべきではないでしょうか。生徒にとっては、何ができるようになったかの確認であり、教師にとっては、どの指導が不足していたのかを振り返る場面です。

❷切り捨てる評価はしない

学校を通う場所として選ばない生徒が増えています。いわゆる、不登校や学校不適応の生徒たちです。彼らに対する評価をどうするかはとても大きな課題です。テストを受けないから評価なしとするのは簡単ですが、こちらの都合で生徒を切り捨てるのは許されません。その子のがんばりをなるべく認め、評価できる資料を集める努力が求められます。

指導と評価をセットにする

　前節では、ルーブリックに基づいた単元構想について述べました。教師と生徒が同じ地図を見ながらゴールを目指すイメージをもっていただけたでしょうか。

　授業には評価が必要になります。評価の一部分が通知表や指導要録、そして高校入試で使用される調査書等の評定になります。ルーブリックを用いた授業では、各単元の学習が終わった後に評価を通知します。知識・技能、思考力・判断力・表現力、主体的に学ぶ態度についてＡＢＣの３段階で評価します。

・「十分満足できる」状況と判断されるもの：Ａ
・「おおむね満足できる」状況と判断されるもの：Ｂ
・「努力を要する」状況と判断されるもの：Ｃ

　ルーブリックには「この観点の中のこの課題は、ここまでできたらＡ」とすべて明示されています。私が勤務した学校では、Ａの上にＳを設定して生徒の主体的な取組を促そうとしていました（観点別評価ではＳもＡに含みます）。

通知表では5段階で評定を出しますが、評定の数字しか見ない生徒も多くいます。数字を見ただけでは「何がよくできたのか、何に対する取組を変えなくていけないのか」という思いには至らないでしょう。

ルーブリックに基づいた評価であれば、本人が何をがんばったのかが保護者にも一目瞭然です。また努力不足だったところもわかりやすいです。これは授業者である教師にとっても、その子へのアプローチで、何が足りなかったかという評価になります。

下の表は観点1の知識・技能のルーブリックの一部です。2番目の教科書本文音読の録画の課題では、Bは「単語に読み間違いがなく、最後まで音読できる」ことが規準になります。それを上回った音読がA評価になります。英語の音読において、正しく読めているかどうかは自分では判断が難しいです。「読めると思い込んでいる」ことが往々にしてあります。ですから生徒はデジタル教科書で音声を確認したり、教師や友人に自分の音読を聞いてもらってエラーを

				S	A	B
No.		めざす姿	評価の方法	特に優れている	優れている	概ね満足できる
知識・技能等	1	Scenesで学習する語彙、表現、文法、言語の働きなどを正しく理解している。	Scenes Basicテスト	Aを上回っている。	Basicテストで80％以上の正答率を達成している。	Basicテストで50％以上の正答率を達成している。
	2	観点1の知識を、聞くこと、読むことにおいて正しく使う技能を身に付けている。	Think 音読の録画	Aを上回っている。Aに加えて、英文の抑揚を表現している。	単語に読み違いがなく、適切なボリューム、英語らしい発音、適切な間合いをとって音読できる。	単語に読み違いがなく、最後まで音読できる。

チェックしたりすることが習慣になります。

次に観点2の思考力・判断力・表現力の評価です。この力の育成が単元指導のゴールのため、難易度は高めになります。この単元のパフォーマンステストの評価は表の4と5です。ALTと一対一でお弁当と給食のよさについてディベートをするというパフォーマンス課題です。4「話すこと（スピーチ）」では、自分の意見を述べる様子を評価し、5「話すこと（やりとり）」では相手の意見に対する反駁の様子を評価しました。項目4では、手元に原稿をもって話してもよいことにしましたが、多くの生徒はA評価をねらって、原稿に頼らず話すことに挑戦しました。こちらから生徒によく話をするのは「全員にA評価以上をとってくれなんて言わないよ。でもB評価をとれるようにがんばろうね」というメッセージです。それでも「がんば

				S	A	B
No.		めざす姿	評価の方法	特に優れている	優れている	概ね満足できる
思考・判断・表現等	3	Thinkのあらすじを説明することができる。	Retellテスト	Aを上回っている。Aに加えて、教科書以外の英文も用いて説明している。	単語メモを見ずに、適切な声の大きさ、英語らしい発音、語と語の繋がり、適切な間合いに気を付けてThinkのあらすじを英語で説明できる。	単語メモをときどき見ながら、適切な声の大きさ、英語らしい発音、適切な間合いに気を付けてThinkのあらすじを英語で説明できる。
	4	【討論しよう】「学校で食べるなら、弁当と給食どっち？」について自分の意見を言える・相手の意見に反論できる。	パフォーマンステスト話すこと(スピーチ)	Aを上回っている。原稿を見ずに自分の経験を交えながら、客観的な意見と理由を言うことができる。相手の意見に客観的な理由をつけたして反論できる。	原稿をほとんど見ずに、客観的な意見と理由を言うことができる。相手の意見に理由をつけたして反論できる。	原稿を見ながら、意見と理由を言うことができる。相手の意見に反論できる。
	5	【討論しよう】ALTとやりとりがテンポよくできる。	パフォーマンステスト話すこと(やりとり)	Aを上回っている。相手とのやりとりがテンポよく4ターン以上できる。	相手とのやりとりが2～3ターンできる。	相手と反論のやりとりが1ターンできる。

ればやれそう」という気持ちがわいてくる生徒が多いようで、果敢にチャレンジします。

最後に、評価が難しいと言われることもある観点3の主体的に学習に取り組む態度についてです。中央教育審議会における報告では、

①知識及び技能を獲得したり、思考力、判断力、表現力等を身に付けたりすることに向けた粘り強い取組を行おうとする側面

②①の粘り強い取組を行う中で、自らの学習を調整しようとする側面

で捉えるとされています。難解な表現でわかりにくいのですが、私が勤務した学校の英語科の先生方は、「思考力・判断力・表現力を発揮する場面で付随して発揮されるものを観点3でも評価しよう。英語科におけるそれはコミュニケーションを続けようとする姿勢だ」と共通理解して、パフォーマンステストにおける非言語的な態度（ジェスチャーやアイコンタクト等）を評価材料に位置づけました。観点3の主体的に学習に取り組む態度で、単元のまとめにおける自己の学習の振り返りを書かせることも多いと思いますが、生徒に「観点3って振り返りをそれっぽく書けばいいんでしょ」という勘違いをさせたくはない。そう思って、英語科の先生方と今も毎日悩みながら進んでいます。

切り捨てる評価はしない

ルーブリックを用いた評価のよいところを中心に述べてきました。とはいえ、世の中に完璧な評価システムはおそらく存在しません。スポーツでも誤審がどうしても出てしまうように、人が人を評価するときにはどこかに必ず見取り間違いや不適切な評価が生まれてしまいます。

不登校や学校不適応といわれる児童生徒の増加が止まりません。彼らは居場所として、学校を選ぶことを止めた生徒ともいえるかもしれません。もっと言えば、学校が「選んでもらえない教育機関」になってしまったともいえるかもしれません。

学校に来ないことを選んだ生徒にとって、ルーブリックだけを評価の拠り所にされるのは困った結果になります。なぜなら、各種テストを受けていないからです。パフォーマンステストもそうですし、その前段に設定されているペーパーテストや小テストも「未受験」という判断がされかねません。この点については石井氏・鈴木氏の論考が参考になります。両氏は「『ルーブリック評価』という誤解を招くような言葉を耳にします。ルーブリックという表が先にあり、その物差しを子供に当てはめて評価するような捉え方は本末転倒」と述べ、評価自体は教師の判断でなされるべきだと主張します。

あたたかな雰囲気の学級づくりを進める裏で、教科についてはこちらのものさしで切り捨てる。そんな赤ん坊をゆりかごサイズにカットするようなやりかたは絶対に許されないと思います。

その子のできることや取り組もうとがんばったものをできるだけ集め、各観点の評価規準に照らして評価する姿勢が求められます。すべての観点の評価は出ないかもしれません。それでもどれかの観点での評価は出せるはずです。５段階評定には表れないその子のがんばりを見取れずして、「私はあたたかな雰囲気のある学級を目指しています」とは口が裂けても言えない。私は自分をそう戒めています。

学校は選んでもらえない教育機関になってしまったかもしれないと述べました。学校という居場所を選ばなくなった生徒たちに対して、「学校に合わせてもらわなければ困る」という理屈は通用しないと思います。学校「も」変わらなくてはならない。不登校生徒増加の昨今の状況は、その潮目ともいえるかもしれません。

授業改善を重ねる

生徒の力を伸ばすために授業改善を重ねることは、私たち教師の義務です。では、授業改善とは何をすることでしょうか。文部科学省は

学習指導要領に基づいた児童生徒の資質・能力の育成に向けて、ICT環境を最大限活用し、これまで以上に「個別最適な学び」と「協働的な学び」を一体的に充実し、主体的・対話的で深い学びの実現に向けた授業改善につなげる

と述べています。「個別最適」と「協働」を授業改善の手段とし、「主体的・対話的で深い学び」を実現することが、授業改善の目的であることがわかります。

目的の達成のためには、単元内の指導バランスの見直しが重要です。徹底的に教える段階、学び方を選ばせる段階、知識の定着を確かめる段階、学び合う時間を保証すること等

をバランスよく段階を追って配置します。生徒が単元のゴールに向かって意欲をもってセルフサービスで学びに向かう環境をつくります。単元ごとにこれらの指導バランスをリバランスできるといいです。

単元の学習が終了したらルーブリックに基づいて評価を出し、それらを見ながら自問します。「自分は教えすぎていないだろうか」「あの子への励ましは十分だっただろうか」「生徒同士で学び合う時間が短すぎたのではないか」「疲れた顔をして教壇に立っていなかったか」

常に謙虚に、生徒の学びの伴走者でいたいと思っています。

【引用文献】

・文部科学省（２０１７）中央教育審議会初等中等教育分科会教育課程部会　児童生徒の学習評価に関するワーキンググループ（第２回）資料１
・中央教育審議会 初等中等教育分科会 教育課程部会（２０１９）「児童生徒の学習評価の在り方について（報告）」p.12
・石井英真・鈴木秀幸（２０２１）『ヤマ場をおさえる学習評価　中学校』（図書文化社）p.44
・文部科学省（２０２１）「学習指導要領の趣旨の実現に向けた個別最適な学びと協働的な学びの一体的な充実に関する参考資料」p.1

❸学級づくりと教科経営の関係を自覚する

生徒理解は学級づくりの重要な手段です。しかし、普段の学級での生活では、見えにくいその子の苦手さがあります。それは各教科の授業で顕在化することが多いです。識字機能の低さや数学の抽象概念の苦手さなどです。だからこそ、教科担当の先生に生徒情報を求めることを日常化するのが得策です。

4
「教科担任との連携」のシステム

システムづくりのポイント

❶いろいろな教師がいる環境を生かす

学校には、いろいろなタイプの先生方がいます。中学校のよさの１つは、そのいろいろなタイプの先生方がいろいろな学級で授業をすることです。担任とどうしても馬が合わない生徒もいます。教科担任制の中学校であれば、自分が頼りたい先生に自分から近づくチャンスがたくさんあります。生徒のために、担任としてその環境を生かせるようにしたいものです。

❷学級は特定の教科から荒れると心得る

中学校の学級の荒れは、教科指導の崩れから始まります。担任として荒れの予兆に敏感である必要があります。話を聞かない、生徒同士の対話がいつも授業に無関係なものに終始する、課題の提出がきちんとできない人が多いなど、特定の教科から学級の秩序が崩れ始めます。予防策を考えます。

いろいろな教師がいる環境を生かす

中学校の教室には、最低でも10人の教師が出入りします。９教科（国社数理英音美保技家）の教科担当がいるからです。ベテラン、若手、男性、女性などいろいろなタイプの教師が皆さんの担任する学級に入っているはずです。

その方たちに上手に頼っておられますか。担任だからといって、生徒に関わることすべてを把握することは難しいです。また、生徒は個々に「頼りたい相手」を選びます。教師の中には性別を問わず、父性の強い方、母性の強い方、そして生徒と年齢の近い一緒に遊んでくれるお兄さん、お姉さんのような方がいます。いろいろなタイプの方が生徒の近くにいる環境は、生徒が「頼りたい相手」を選べる環境でもあるのです。

教室に入る大人が全員父性の塊みたいな人だったら、生徒は安心して愚痴をこぼせる相手を失います。全員が母性あふれる人だったら、生徒は自立のために必要な不動の壁を失います。全員がお兄さんお姉さんタイプだったら、生徒は本当に困ったときに頼れる相手に迷ってしまいます。

「チーム担任制」というシステムを導入している自治体があります。東京都の麴町中学校での実践で注目を集め、今日現在では富山県南砺市、茨城県取手市などで行われていると報道されています。担任を1人の教師が担うではなく、複数の教師が担任を務め、1週間程度で入級する学級を変えていくやり方です。

「○○ガチャ」という言葉があります。当たりはずれで自分の境遇を嘆く表現のようです。担任もその範疇に入ることがあるそうです。「担任ガチャ外れた」のように。確かに生徒は担任を選べません。教師側にも、自分とどうしても合わない生徒がいます。人間ですから、それは仕方のないことです。しかし、教室にいろいろな大人が入る中学校であれば、生徒は自分と合う大人を自分で選ぶことができます。だからこそ、学級担任は自分の学級で授業をしてもらう担当者とよく話ができる関係性をつくっておくことが大切です。

授業中の様子や授業担当者が困っていること、ある生徒について気になることなどを職員室で談笑しながら情報交換できるようにします。ずっとパソコンのタイピングだけの音がしている職員室では、それが難しくなるでしょう。「先生、今日あの子がね…」と生徒のよい姿をみんなで喜び合える職員室にしたいものです。

学級は特定の教科から荒れると心得る

学級は放っておけば劣化します。人間関係が固定化し、島国化します。序列が生まれます。それがいじめの芽になることもあります。教師が全権を掌握したままだと、生徒は教師に依存します。言われたことしかしなくなります。高圧的な指導が中心の教師に対しては、一見従順さを見せます。昨今の生徒は見える形で強い反発をしたり、物を壊したりするような荒れの姿を見せることは少なくなりました。その代わり、担任に見えないように荒れます。SNSを使ったいじめもそうです。授業を聞いているふりをして、全然違うことをしているのもそうです。そういう学級のざらついた雰囲気に耐えられない生徒は、学校に来るのを止めます。

そして、こうした荒れの状況は学級担任の前では起こりにくいことが多いです。荒れが発露するのは特定のある教科から。経験年数の少ない若い先生の授業であったり、生徒と年齢が離れすぎた強い指導をするベテランの先生の授業であったり、生徒が甘えやすい女性の先生であったりと事象は様々です。

「それはその教科担当に力量がないからだろう」という心無い言葉を言う方もいます。私はその主張を完全に否定します。

大人だって平日が忙しすぎたら、土日はゆっくりしたいものです。どこかで息抜きできると思うから、少しタフな業務にも耐えようと思えます。生徒も同じです。もし担任の授業や学級経営が高圧的だったり、担任がいつも主導権をにぎっていたりする日常があれば、そこからの逃避という形でどこかの授業に荒れの兆候が出てくることがあります。学級の授業における荒れを招いているのは、他ならぬ学級担任かもしれないのです。学級の荒れの兆候を見逃さないために、こんな手を打ってみるのはいかがでしょうか。

①他教科の授業を参観　②班長会で授業の様子を聞く　③授業担当の先生と雑談

①は空き時間のときにカメラ片手に学級便りの写真撮影を兼ねて出かけます。自分の教科のときには見せない顔が見られて面白いものです。②は生徒から情報を集めます。担任の授業のときとは違う態度を見せる生徒を把握します。③が一番大切です。授業がうまくいかないとき、自分から「実は…」と話をするのは勇気がいることです。私は「先生いつも授業してもらってありがとうございます」と話しかけて、自学級のよさと課題を教えてもらうようにしています。

学級づくりと教科経営の関係を自覚する

授業をしやすい学級とそうでない学級が存在します。教科経営をやりやすくするために、学級担任としてどんな学級づくりをしておくとよいのでしょうか。

学級づくりで話を聞く態度を育て、仲間と協働する構えをつくります。誰かの失敗を笑ったりしない人権感覚を育てます。個別最適な学びを実現しやすくするために、人と違うことに対する許容度を上げておきます。そのうえで、授業者と学級担任に情報連携されていることを生徒にも伝えます。「何かあったら担任にもバレる」と思わせておきます。

もう1つ重要なことがあります。それは教科指導の中だからこそ見えてくる、その生徒がもつ苦手さがあるということです。

「この子は板書をノートに写すのに時間がかかる」、「プリントを失くすことが多いな。物の管理が苦手かもしれない」、「教科書の文の読み飛ばしが多いな」、「数字の概念をつかむのに苦労しているな」、「指示の聞き洩らしがあるな。個別に声をかけた方がよさそうだ」

特別支援学級所属の生徒であれば、個別の教育支援計画などでその生徒の苦手さを明らかにして、それに対応する方策が明示されるでしょう。しかしそうでない生徒の場合、その苦手さが見過ごされてしまうことがあります。見過ごされて、1人で苦しんで、授業がわからなくなって、学校から足が遠のいてしまう。または授業と関係ないことをして叱られて、もう授業に取り組む姿勢を保てなくなる。そんな生徒はこれまでいなかったでしょうか。

教科担任から苦手さを抱える生徒の情報をもらうことは、学級生徒のより深い生徒理解のために必要な方策です。苦手なことがない人はおそらくいません。それが訓練によって補正できるのであれば、通級指導でその克服に努めることもできます。またその生徒の周りに気の利く仲のよい生徒がいれば、その子にヘルプを依頼することもできます。

大事なことは、困ったときにその生徒が頼れる場所があり、そこに自ら「ちょっと手伝って」と言えることです。生徒のもつ苦手さを教科担当の情報から把握し、苦手さをひっくるめてその生徒のがんばりを認めていきます。そして「ちょっと手伝って」と自ら言える態度（被援助志向性）を一緒につくっていきます。

❸この若者たちとともにこれからの社会をつくる

日本の社会を担っていくのは若者たちです。学校は「教える－教えられる」の関係で授業が進むことが多いですが、道徳科は違います。道徳科は教師も生徒も「一緒に考える」時間です。人としてどう生きるのが尊いのかを、学校という小さな社会の中で生活する同志として考え合います。道徳科は、これからの社会を生きていく彼らにとっての思考実験の場なのです。

5
「特別の教科　道徳」のシステム

システムづくりのポイント

❶いろいろなものさしをもたせる

みなさんは特別の教科道徳の時間はお好きですか。ベテランの方でも「道徳はちょっと…」という方もいらっしゃいます。ほとんどの方は、学校現場に出てからその授業のやり方を学んでこられたはずです。特別の教科道徳では、生徒の物事を見る視点を増やしたり、人を評価するさまざまなものさしについて、一緒に考えたりしたいものです。

❷道徳科授業はこうつくる

道徳の授業づくりの難しいところは「こういう型で流せばうまくいく」という型がはっきりしていないことではないでしょうか。教科書教材だけで授業ができる場合もありますし、それだけだとちょっと物足りない場合もあります。道徳科の授業づくりの手順について考えます。

いろいろなものさしをもたせる

生徒を見るときに、どんな「よさ」を見ようとされているでしょうか。学習指導要録の「行動の記録」には、「基本的な生活習慣」、「自主・自律」、「公正・公平」など10項目があります。それらのよさは日常の教室の中でどのように可視化されているでしょうか。生徒がもったくさんのよさ。それを可視化できる時間の1つが「特別の教科　道徳」(以下、道徳科と表記)です。生徒に多様なよさを自覚させ、数値化できない人間の尊さを考えさせるとても大切な時間であり、学級づくりにおいて外せないピースです。

生徒たちは「数学が得意なAさん」や「走るのが速いBさん」のように、お互いを「Aさんって○○な人」と評価しています。道徳科の授業を通じてその評価のものさしを増やします。「他の人にはない視点をもっているCさん」、「家族に対してすごく優しいDさん」、「勉強は苦手そうだけどいろいろな偉人の言葉を知っているEさん」のように、人を見るものさしが授業を通して増えることを目指します。

勉強はできないよりできた方がいいです。運動もできないよりできた方がいいです。しかし、勉強や運動を測るものさしが、誰かを下に見るために使われたり、それで不要な劣等感を感じたりするものにしたくはありません。そもそも、勉強や運動の良し悪しは長い人生の中でほんのちょっとの期間だけ注目されるもの（トップアスリートを除いて）です。長い目で見れば、優しさ、粘り強さ、協調性や独創性などの良し悪しの方がよほど重要になります。そういう様々な、人を見るものさしを、道徳科で生徒と共有していきます。

そして、学級に多様性が根付くために、道徳科は大きな役割を果たします。すべての生徒が10年以上の生活経験と人生経験をもっています。それらを道徳科の授業の中で出し合わせて、人としてのよりよい生き方を考え合います。道徳科はよりよい社会をつくる担い手を育てるための時間でもあります。特別支援学級在籍の生徒も、道徳科の授業は一緒に行うこともあるでしょう。国語や数学などで一緒に学ぶとき、彼らは「教えられる」側にいることが多いかもしれません。しかし、道徳科では「教える」側になることもあります。なぜなら道徳科で話す内容は、人生経験や自分のもつ価値観だからです。道徳科で思考し、日々の学級生活で実践する。そんなサイクルができたら素敵だと思いませんか。

道徳科授業はこうつくる

授業づくりの前に学習指導要領で、道徳科の目標とキーワードを確認します。

目標

よりよく生きるための基盤となる道徳性を養うため、道徳的諸価値の理解を基に、自己を見つめ、物事を広い視野から多面的・多角的に考え、人間としての生き方について考えを深める学習を通して、道徳的な判断力、心情、実践意欲と態度を育てる。

目標は「道徳性」を育てることだとわかります。「道徳性とは、人間としてよりよく生きようとする人格的特性」と説明されています。つまり、人としてよりよい生き方について考えることが、道徳科の目指すところであり、そのためには個人と集団の道徳性を養う必要があるということです。でも、こんな声が聞こえてきそうです。

「そういうのはいろいろな所で耳にするんだけど、具体的にはどうやって授業したらいいんだろう…。教科書の教材はなんだか扱いにくいし、忙しくて道徳科にかける時間がないんだよな…」

現在の私は教科書「だけ」を使った授業はほとんどしません。教科書だけでは生徒の道徳性を養うには不十分と感じる教材が多いと思うからです。

北海道の中学校教師である堀裕嗣氏は、「読み物資料がつまらない、白々しいと感じるのならば、つまらなくない、白々しくないエピソードを扱えばいいのである」と述べ、「シンクロ道徳」という教科書教材の扱い方を提唱しています。「シンクロ道徳」とは「ソロ」「横のコラボ」「縦のコラボ」という3種類の教科書の扱い方の総称です。私は堀氏の提唱する「縦のコラボ」を中心に授業づくりをすることが多いです（シンクロ道徳の詳細は堀氏のご著書をご覧ください）。

「縦のコラボ」を堀氏はこう説明しています。

「教科書教材を読んだうえで、それと内容的に関連する自主開発教材を扱う授業形態。或いは自主開発教材を扱ったうえで教科書教材を読んでいく授業形態」

教科書は多くの方の手を経て世に出されているものです。検定もあり相当吟味されたうえで今の形になっているはずです。しかし、紙幅の関係もあり正直「もったいない」と感じる教材も少なくありません。私は教材研究の段階でその原典を購入して読むこともありますが、やはり原典は面白いです。教科書ではカットせざるをえなかったディテールが満載だからです。小説だって布石や回想シーンがなくて、あらすじだけを言われても全く面白味を感じられません。そういう意味で「もったいない」と感じることがあります。

ですから、そこに資料をコラボさせます。例えば、とある時代劇俳優さんが主人公の人物教材であれば、教科書でその人の一人称の語りを読んだ後に、資料として俳優仲間からの評価や妻の夫に対する思いを提示します。こうすることで、教科書内の人物像をより鮮明に描き出すことができます。

また、日本の伝統を扱った教材では、教科書を一読すれば「伝統を守るのって大事ですね」という結論はすぐにわかるので、その後資料を提示します。「お賽銭がバーコード決済、伝統としてあり？　なし？」「歌舞伎×アニメ、伝統としてあり？　なし？」こんな資料を見せながら、「伝統を守るってそもそもどういうことか」「伝統が大事なのってどうしてか」という問いに向かっていきます。教科書教材単体で、このような問いに生徒を導くことは、今の私には難しいと感じています。

道徳科の授業をつくるとき、私はこのような手順で行っています。

①教科書を見て、扱う内容項目を確認する。
②学習指導要領の該当の内容項目のページを熟読し、小学校での学びの確認を行う。その後、中学校段階に求められていることを把握する。
③教科書を読み内容項目のねらいに迫るために「教科書に欠けているもの」を書き出す。
④ネットで教科書教材に欠けていると感じたものを補う補助資料を検索する。
⑤A3の紙に①②③④の内容を項目にして書き出す。
⑥授業の終末段階で生徒に何を考えさせたいか、どんな生徒の姿を見たいかというイメージを固める。
⑦⑥の姿や思考になるための授業構成を、終末から逆向きに考える。
⑧生徒の目線になって思考がスムーズに流れるように提示の順番を考える。
⑨プレゼンテーションソフトに⑦を並べる。
⑩スライドを入れ替えて流れを再構築しながら、スライドの使用、不使用を決める。

他の教科の授業と同様、道徳科の授業も終末を考えてから逆向き設計でつくります。最後の5～6分は自己を見つめる時間に使います。その前の10分は主発問について、みんなで考え合う時間にします。これで終末15分は固定されるので、残り35分をどうデザインするかを考えることになります。

⑧で生徒の気持ちになって資料や発問の配列を考えます。

「この資料が先の方が教科書教材が生きるのではないか」

「この資料とこの資料を使いたいけれど、生徒は思考が途切れないか」

「内容項目について深く考え合わせるためには、どう問えばいいか」

35分しかありません。④で調べて手に入れた資料はどれも魅力的に見えるため、全部使いたくなります。それが教師が1人でしゃべってしまう授業の入り口になります。⑩の取捨選択が重要です。終末に向かっていくのに邪魔をする情報がどれか。あってもなくてもいいものはどれか。生徒が受け身の授業にならないための重要な思考段階です。

「毎日忙しくて、道徳科の教材研究になんて手が回らない…」

そういう声もよく聞きます。そうすると授業がある前の日に指導書を開いて、付属のワークシートを印刷して、そのまま授業をすることになります。この方法なら、最悪でも当日朝に準備はできます。しかし、授業後の生徒の感想の白々しさ、先生方の徒労感。これでは先生も生徒も道徳が「道徳科はちょっと…」となって当然です。

他の教科の授業と同じく、道徳にも教材研究が必要です。「縦のコラボ」で授業をしようとしたら、どうしても資料や自主開発教材を用意しなくてはなりません。これを毎週違う教材に対してやるのは、かなり大変です。だったら、小学校に比べて教師がたくさんいるという中学校の強みを生かすのはどうでしょうか。みんなで道徳科授業をすればよいのです。それがローテーション道徳です。

教師ごとに教材を割り振って、１人の教師が複数のクラスで授業を担当します。２人で１つの教材を担当してローテーションを組むことができれば、自然とこんな会話が職員室で生まれます。

「ねぇ先生、主発問って何にしました？」

「こんな資料見つけたんです。どうです？」

職員室でそんな会話が弾む学校にしたいと願っての制度設計です。道徳科はみんなが無免許。ほぼ学校現場に出てからやり方や手の抜き方（？）を学んでいるはずです。

生徒がよりよく生きるための準備の時間に、私はコストをかけたいと思っています。

この若者たちとともに社会をつくる

教科書教材を読んでいると「えっ、これで『感動、畏敬の念』のねらいに迫るのか。ちょっと無理があるな」と感じることがあります。内容とねらいにひらきがある場合です。だから必死に補助資料を探して、「縦のコラボ」授業を構想します。なぜ22の内容項目に忠実に授業をつくろうとするのか。それには2つの目的があります。

1つは生徒に人生の疑似体験をさせること。道徳科の授業では順法精神や家族愛など22の内容項目を扱います。教科書教材を切り口にして「人としてよりよく生きるとはどうすることか」、「人としてどう生きるのか尊いのか」を考えます。これは教科書教材を媒体にした思考実験であり、今後の人生の疑似体験ともいえます。

「きまりと思いやり、どちらを大切にしたらいいんだろうか」

「友情よりもきまりが大事ってわかってはいるけど、この場面では…」

「人を傷つけてはいけない。だけど本当に相手を許せないときはどうしたらいいのか」

「この人の生き方はすごくいいな。でもどうしてこんなことができたのだろう」

「自然は大切にしなくちゃいけない。でもそれってそもそもどうしてなんだろう」ときどき「道徳科なんてきれいごとじゃないか」という声を耳にすることがあります。たしかにそうかもしれません。しかし成長真っ只中の生徒には、「きれいごと」に触れることがすごく大切だと考えます。

今はネットから情報を得る人がとても多いです。地上波を見るためのテレビがそもそも家にないという若い方も増えています。動画は見る人の趣味や嗜好によっておすすめが表示されるため、情報や思考に偏りが出やすくなります。偏りがあるということは、多面的・多角的な見方にはなりにくいということでもあります。そこに22の内容項目を頼りにして「人としてよりよく生きるとはどうすることか」、「人としてどう生きるのか尊いのか」を考えさせたいのです。

たくさんの場面を知っていれば、類似した場面で今日の授業での思考が生きるかもしれません。10年くらい先の生徒の幸せにつながる授業がしたいと考えて、今日も授業に使えそうなネタを探します。

もう1つのねらいは、今の若い人の考えを聞くためです。道徳科の授業をしていると生徒の考えに感銘をうけることが度々あります。「『家族愛』では私はこの子にはかなわない」

と心の底から強い感動を覚えることもあります。ローテーション道徳で複数回同じ教材で授業をしますが、ある生徒の発言にインスピレーションをもらい、初回の授業と次の授業の構成がまったく変わることもよくあります。この瞬間、私は生徒を教え子ではなく、ともに社会を創っていく同志と見ています。

先ほど「道徳科なんてきれいごとじゃないか」という声を紹介しました。超少子高齢化に突き進んでいる我が国の現状は相当に厳しいのかもしれません。世界では暴力で主張を通す惨状がなかなか解決しない状態にあります。道徳科で話し合っていることはたしかにきれいごとなのかもしれません。

我が国を背負っていくのは若者たちです。その若者たちと学校という小さな社会の中で理想を語り合いたい。道徳科をそういう時間にしたいと思っています。インターネットによって人と人が常時接続する時代になりました。匿名で相手を傷つける人が増えました。それによって失われる命もあります。それらを「仕方ないよね」で片づけたくはないのです。「人としてよりよく生きるとはどうすることか」、「人としてどう生きるのか尊いのか」をこれからの日本を創っていく若者と一緒に考えたい。それが私の道徳科授業づくりのモチベーションです。

こういう思いで授業をつくっていると、おじさんの説教みたいな授業になったり、やけに重い感じの授業になってしまったりすることがあります。生徒との年齢差ももう30歳以上になりました。発問の言葉選びなど、彼らにフィットする授業を一発でつくるのが難しいです。ですから私は家族の力を借ります。下の娘が現在中学2年生。学校で生徒に授業をする前に、彼女にプレ授業をするのが通例です。すると必ず「指導」が入ります。

「この事例は面白いんだけど、なんのために使っているの？」

「ん〜、聞いていることはわかるんだけど、問い方がいまいち答えにくい」

娘の合格をもらったら本番です。学校の授業で、発問に対して腕組みをして上を向いて「うーん」と1人で悩む。その後で「ねぇ、どう思う？」と人の考えを聞きたくなる。

「それってそもそもどういうこと？」とみんなの当たり前を見つめ直す。そんな授業を目指しています。

【引用文献】

・文部科学省（2018）「中学校学習指導要領解説　特別の教科道徳編」p.13,17
・堀裕嗣（2019）『道徳授業で「深い学び」を創る』（明治図書）p.23,121

おわりに

第2章で「チーム担任制」のことを書きました。私の前任校でも導入され、私も制度設計の一端を担いました。異動のタイミングで自分自身がチーム担任制の中で担任業をすることはかないませんでしたが、どのように運営されているか気になり元同僚の皆さんにいろいろと話を聞きました。

学級づくりが大好きな方にとっては「ものたりない、もっとやりたい」と感じさせる傾向があり、「できれば担任はちょっと…」と思う先生にとっては、上手に手を抜ける側面があることがわかってきました。また、学年主任の負担が年度初めはかなり大きくなる傾向もあるようです。働き方改革の面ではチーム担任制によって休みを取りやすくなったという声も聞きました。チーム担任制は全国へと広がるのでしょうか。私の予想ではシステムだけを導入してもきっとうまくいかないのではないかと考えています。「何のためにやるのか」という目的の共有が重要になります。

前任校でチーム担任制を制度設計したときに、私は次のように職員に提案しました。

「生徒は担任を選べません。教師も生徒を選べません。生徒の有能さを引き出すには、適度な距離感が必要です。学級を『私のもの』から『私たちのもの』にしてみませんか。教師のコントロールを意図的に緩くして、生徒の自主性を伸ばすことをねらうのです。そして学校への登校を選んでくれない子どもたちが、つながれる大人を選べる状態をあちらこちらに作りませんか」

セルフサービスを軸にした学級経営とチーム担任制は親和性が高いと感じています。今後、チーム担任制がどのような展開になるのか注視したいと思います。

多くの方のお陰で本書を世に出すことができました。私のわがままに根気強く付き合い脱稿へ導いてくださった明治図書の安藤龍郎様、読者目線で添削をしていただいた小林弓理様をはじめとする上越教育大学赤坂研究室の皆さま、これまでか関わってくださったすべての生徒、保護者、同僚の皆さんに感謝申し上げます。そして妻と2人の子どもたち。単著執筆という無謀な挑戦をする父を後押ししてくれました。皆さんの学級づくりに負けないように、私もますます勉強することを決意し本書を閉じさせていただきます。

２０２５年１月

岡田敏哉

【著者紹介】
岡田　敏哉（おかだ　としや）
1976年生まれ。新潟県公立中学校教諭。上越教育大学大学院・赤坂真二教授研究室６期生。共著に『THE チームビルディング』、『テーマ別でまるごとわかる！　中学校学級経営 DX』、『学級を最高のチームにする！　365日の集団作り中学1年』（すべて明治図書）などがある。

中学校　学級システム大全
生徒がセルフサービスで進めるクラスづくり

2025年３月初版第１刷刊 ©著　者 岡　田　敏　哉
発行者 藤　原　光　政
発行所 明治図書出版株式会社
http://www.meijitosho.co.jp
（企画・校正）安藤龍郎
〒114-0023　東京都北区滝野川7-46-1
振替00160-5-151318　電話03(5907)6701
ご注文窓口　電話03(5907)6668
＊検印省略　組版所 日本ハイコム株式会社

Printed in Japan　ISBN978-4-18-259123-5